# Q-Uによる
# 学級経営
# スーパーバイズ・ガイド

## 小学校編

企画・編集　河村茂雄　藤村一夫　粕谷貴志　武蔵由佳
ＮＰＯ日本教育カウンセラー協会

図書文化

# はじめに

　本書は，学級経営の展開方法を，崩れてきた学級集団にどう対応していくのかという，再建の方向から解説したものである。道具として学級診断尺度Q－Uを用いている。

　大事なことは，Q－Uを実施することではなく，その結果をどう活用するかである。対人関係の形成，集団生活への参加が苦手になった現代の子どもたちに対しては，従来の教師たちが蓄積してきた学級経営の経験則が通用しにくくなってきた。新たな学級経営のストラテジーが必要なのである。そのストラテジーを，Q－Uの結果を参考にして立案し，実行するのである。その実行に移すプロセスまでを，本書は詳しく解説するものである。

　あとは，推進しようとする教師自身の意欲をどう喚起し，維持しながら地道に取り組んでいくのかである。これも大きな問題である。教師個人でできれば，それに越したことはない。しかし，自分が学級という集団の枠に入ってしまっている担任教師には，冷静に，意欲的に取り組むことは，ことのほかむずかしい。したがって，校内でサポートしあうことができればすばらしいのだが，これもさらにむずかしい問題をはらんでいる。学級経営は教師の教育実践の中核をなすものであり，他の教師の学級経営に口をはさむことは，いままで，学校現場ではタブー領域に近かったからである。そこで，現在のところ，教員有志による学級経営研修会が大きな力となる場合が，全国的にみて，とても多いのである。

　Q－Uを用いることにより，教師同士の学級経営の検討会が，相手の指導力の評価のしあいではなく，どのような学級経営をすればより有効かという，問題解決志向の作戦会議になる。さらに，そのプロセスを通して，参加者同士のリレーションも形成されることがきわめて多い。事例を出してくれた教師の問題は，とても他人事ではないからである。そのつらさ，がんばりが，手に取るようにわかるからである。Q－Uという一定の方式による学級集団の状態像と，その対応例の豊富なデータの蓄積は，全国の教師が連携する大きな手段ともなるだろう。今後，積極的に取り組んでいきたいと思っている。

　最後に，教育カウンセリングの先頭に立ち，全国を駆け回っている恩師，國分康孝先生，國分久子先生，さらに村主典英氏に感謝したい。私が実施している「Q－Uを活用した学級経営サポート活動」を，さまざまな面で支えてくださっているからである。

　本書が，多くの先生方にとって，学級という集団を通して児童生徒たちの心の教育を推進するという，大きな使命と専門性を再認識でき，「教職」という仕事により大きな誇りと喜びがもてることの一助けになれば幸いである。

　　　２００４年　如月　　　　　　　　　　　　　　　　　　　　　　　　河村　茂雄

Q-Uによる学級経営スーパーバイズ・ガイド 小学校編

# CONTENTS

## 第1部　学級経営スーパーバイズとは

### 第1章　本書の活用の仕方　6
1. 学級経営を展開するための流れと本書の構成　　2. Q-Uの概略
3. スーパービジョンの展開　　4. 崩壊状態に対するスーパーバイザーの役割
5. 再契約法の進め方　　6. 崩壊状態に対する臨時保護者会

### 第2章　学級経営の基礎知識　34
1. 学級経営の何が問題なのか　　2. 学級経営に対する教育現場の現状
3. 教育力のある学級集団を育成するには　　4. 教師のリーダーシップ
5. 学級集団育成の具体的な方法

### 第3章　平穏に見える学級集団にひそむ代表的な崩壊の要因　56
1. 望ましい学級集団の状態　　2. 崩壊している学級集団の状態
3. 縦伸びしたプロットが示す兆候　　4. 横伸びしたプロットが示す兆候
5. 4群に拡散したプロットが示す兆候　　6. 学級集団が崩れていくプロセス
7. リレーションとルールの形成不足のクラスに見られるさまざまなパターン

## 第2部　学級経営スーパーバイズの実際

### 第4章　リレーションの不足している学級　74
1. 学級をかき回す子どもがいる　　2. 不登校傾向の子どもがいる
3. 個別的な配慮が多く必要な子どもがいる

### 第5章　ルールの不足している学級　92
1. 学級をかき回す子どもがいる　　2. 不登校傾向の子どもがいる
3. 個別的な配慮が多く必要な子どもがいる

### 第6章　リレーション・ルールの不足している学級　110
1. 学級をかき回す子どもがいる　　2. 不登校傾向の子どもがいる
3. 個別的な配慮が多く必要な子どもがいる

### 第7章　特別な要因が絡む学級　128
1. ずっと学級編成がえがない単学級集団　　2. 前年度の学級崩壊を引きずっている　　3. 盗難・靴隠しなどが頻発している

# 第1部
# 学級経営スーパーバイズとは

## 第1章　本書の活用の仕方　6
1．学級経営を展開するための流れと本書の構成
2．Q-Uの概略
3．スーパービジョンの展開
4．崩壊状態に対するスーパーバイザーの役割
5．再契約法の進め方
6．崩壊状態に対する臨時保護者会

## 第2章　学級経営の基礎知識　34
1．学級経営の何が問題なのか
2．学級経営に対する教育現場の現状
3．教育力のある学級集団を育成するには
4．教師のリーダーシップ
5．学級集団育成の具体的な方法

## 第3章　平穏に見える学級集団にひそむ代表的な崩壊の要因　56
1．望ましい学級集団の状態
2．崩壊している学級集団の状態
3．縦伸びしたプロットが示す兆候
4．横伸びしたプロットが示す兆候
5．4群に拡散したプロットが示す兆候
6．学級集団が崩れていくプロセス
7．リレーションとルールの形成不足のクラスに見られるさまざまなパターン

# 第1章

本書の活用の仕方

## ● 第1節 ●
## 学級経営を展開するための流れと本書の構成

　カウンセリングの知見を教育実践に活用するという，教育カウンセリングの考え方と実践が，日本の教育界に広がっている。その教育カウンセリングの中心領域が学級経営である。学校教育の究極的な目的は，児童生徒のパーソナリティの完成をめざすものであり，そのためには，集団生活における対人関係の体験学習が不可欠となる。その最も身近な場を提供するのが，学校教育では，学級集団だからである。

　現在，その学級集団でさまざまな問題が生起し，学校教育の教育力の低下が指摘されている。そして，そもそも学校教育の具体的な教育実践が展開される場であった学級集団が，教育集団として成立しないという，学級崩壊の問題も深刻さを増している。

　このような中で，学級集団を効果的な教育集団に育成し，その中で児童生徒一人一人の個性を育てるという，学校教育が本来もつ教育機能を発揮するためには，現代の子どもたちに応じたストラテジーを，これからの教師たちは有する必要がある。そのための道具が，「Q−U」なのである。

　本書は，標準化された心理検査である「楽しい学校生活を送るためのアンケートQ−U：QUESTIONNAIRE−UTILITIES」（小・中・高等学校用，図書文化）を用いて蓄積されたデータをもとに，代表的な学級集団の状態ごとに，これからの学級経営の指針を，解説するものである。したがって，本書を活用するためには，「Q−U」についての知識と活用方法について，最低限のレディネスが必要である。

　学級経営の展開の流れは，次のようなものである。
①教育の目的，教師のリーダーシップに直結している学級経営の目的を明確にする。
②学級の児童生徒の特性，学級集団の状態をアセスメントする。
　（本書ではQ−Uを使用し，それに教師の観察データを加味する）
③②の結果に沿ったリーダーシップ・スタイルを採用し，発揮する。
④成果を適宜評価し，微修正をしながら柔軟にリーダーシップを発揮する。

## 第1節　学級経営を展開するための流れと本書の構成

　学級集団は時間経過と共に変化するものであるから，以下，②〜④を，繰り返し実行していくわけである。

　そこで，このプロセスを理解するうえで必要な基礎知識（学級経営の目的，教師のリーダーシップ，学級集団の育成の仕方等）を第2章で解説する。これらの知見がなければ，Q-Uの結果を，日々の教育実践に活用できないからである。

　次に第3章では，学級集団が崩れていく代表的なパターンを解説する。このようなリーダーシップの取り方を続けていくと，学級集団は，この部分から，このように崩れが始まっていく，というこの解説は，第2章の内容を逆の視点から取り上げることにもなる。それゆえ第2章の内容の補足ともなるだろう。

　そして，第4章，5章，6章，7章では，具体的な学級集団の事例を取り上げ，そのアセスメントと対応の仕方を，具体的に解説する。本書の中心部分である。

　これまで蓄積されてきた，2000を超える学級集団の事例の中から，出現数が多く，かつ，担任教師がその対応に苦慮しがちな事例を，精選して掲載した。読者の方は，その代表的な事例のなかから，自分の担任する学級集団と類似のタイプを見いだすことができ，参考にすることができるだろう。

　ところでスーパーバイザーや同僚教師が，学級経営に悩む教師をサポートする際の留意点については第1章の4節以降で解説する。学校現場でのコンサルテーションで，実際に活用されているモデルが中心である。

　本書が想定している読者は，教育実践，教育カウンセリングにある程度精通した方である。したがって，誌面の都合もあり，解説は具体的な学級経営のストラテジーに必要な（教師が対応を修正するポイントとなるもの），最低限のものになっている。巻末に参考図書を掲載したので，補っていただけると幸いである。

　最後に，学級経営の悩みは，教師の教師アイデンティティを揺るがす問題であり，それだけに深刻である。いろいろな団体のカウンセラーも，傷ついた教師の心をサポートしてくれるだろう。しかし，それだけでは不十分なのである。悩んでいる教師が，日々の教育実践で確かな手応えをつかめるような援助をすることが，教師のサポートとしては不可欠なのである。つまり，教師のサポートには，カウンセリングと教育実践についてのスーパービジョンの両方が必要なのである。そして，それができるのは，教育実践を熟知しているカウンセラー，すなわち，教育カウンセラーのスーパーバイザーなのである。

〔河村茂雄〕

# 第1章

本書の活用の仕方

## ● 第2節 ●
## Q－U(QUESTIONNAIRE-UTILITIES)の概略

　本書を活用するためには,「Q－U」についてある程度, 理解していなければならない。本節では, その最低限の概略を解説する。

### 1. いまなぜQ－Uが学校現場で広く活用されだしたのか

　「Q－U」は近年, 日本の全都道府県の半数以上の県や市の教育センターで, 教員, スクールカウンセラーを対象とした実施・活用研修会が毎年開催され, 学校現場に広く定着している。

　それは,「Q－U」を用いると, 不登校にいたる可能性の高い児童生徒, いじめ被害を受けている可能性の高い児童生徒を早期に発見できる。同時に, 学級集団の状態を分析することができ, 学級崩壊にいたる可能性が診断できる唯一の尺度だからである。

　小学校, 中学校, 高校用のいずれも, すでに1万人以上の児童生徒を対象に標準化されており, 信頼性, 妥当性も確認されている心理検査である。

　学校現場で活用されている理由として, 次の点があげられる。

・児童生徒に短時間で実施することができる

・児童生徒, そして教師の自尊心やプライドを傷つけない質問内容である

・教師が短時間で集計でき, コンピュータ診断も充実している

・集計結果を図表化することができ, 結果を理解しやすい

・教師が「Q－U」の結果を活用する際も, 心理学の専門的な知識を必要とせず, 日々の教育実践に活用しやすい

・学級集団の全体像を把握することができ, 校内研修などで, 教師同士が学級経営について検討する際の資料になりやすい

・教育実践の前後に実施することにより, 実践の効果測定としても用いることができる

　つまり, 学校現場への即応性と簡便さが特徴なのである。

## 第2節　Q-Uの概略

### 2．Q-Uとはどのようなものなのか

「楽しい学校生活を送るためのアンケートQ-U（小・中・高校生用）」は，「居心地のよいクラスにするためのアンケート（学級満足度尺度）」と，「やる気のあるクラスをつくるためのアンケート（学校生活意欲尺度）」の2つの下位尺度から構成されている。

本書ではQ-Uの下位尺度の「居心地のよいクラスにするためのアンケート（学級満足度尺度）」を中心に紹介する。それはこの下位尺度一つで，次の3点のアセスメントが同時にできるからである。

・児童生徒個人の学級生活満足度の把握
・学級集団の状態の把握
・学級集団と個人との関係の把握

さらに，この尺度が学級崩壊の可能性を推測できる尺度だからである（煩雑さを避けるため，以下Q-Uと表記する）。

Q-Uは児童生徒が，自分の存在や行動が級友や教師から承認されているか否かを示す「承認得点」と，不適応感やいじめ・冷やかしなどを受けているかを示す「被侵害・不適応得点」の2つの得点から，児童生徒の学級生活における満足感を測り，それぞれの得点を全国平均値と比較して4つの群に分類するものである（図1）。

なお，2つの軸の直交しているポイントは，標準化されたときの全国平均値である。

4つの群に分類される児童生徒の特徴は，以下のとおりである。

①学級生活満足群

「承認得点」が高く，かつ，「被侵害・不適応得点」は低い。

不適応感やトラブルも少なく，学級生活活動に意欲的に取り組めている児童生徒である。教師が学級全体に対して指示をすれば，自ら一人で行動できる児童生徒たち，すなわち，一次対応レベルの児童生徒たちである。

②非承認群

「承認得点」が低く，かつ，「被侵害・不適応得点」も低い。

不適応感やいじめ被害を受けている可能性

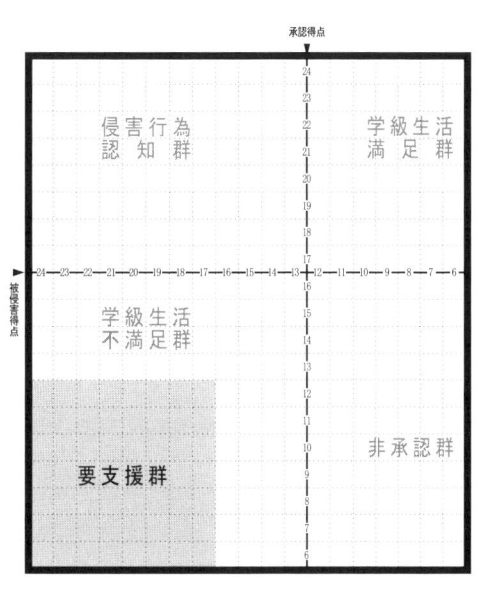

図1　Q-Uプロット図（小学用）

は低いが，学級内で認められることが少なく，自主的に活動することが少ない，意欲の低い児童生徒である。学級全体に対して指示を出した後で，教師が机間指導をしながら，さりげなく個別対応が必要な児童生徒たち，すなわち，全体の中で個別配慮が必要な，二次対応レベルの児童生徒たちである。個別配慮も，学習や活動への取組みに対する，意欲の喚起が中心になる児童生徒たちである。

③侵害行為認知群

「承認得点」が高く，かつ，「被侵害・不適応得点」も高い。

対人関係でトラブルを抱えているか，自主的に活動しているが自己中心的な面があり，他の児童生徒とトラブルを起こしている可能性の高い児童生徒である。被害者意識の強い児童生徒も含まれる。この群の児童生徒たちも，全体の中で個別配慮が必要な二次対応レベルの児童生徒たちである。個別配慮も，子ども同士の対人関係の調整が中心になる児童生徒たちである。

④学級生活不満足群

「承認得点」が低く，かつ，「被侵害・不適応得点」は高い。

いじめや悪ふざけを受けている，不適応になっている可能性の高い児童生徒で，学級の中で自分の居場所を見いだせないでいる児童生徒である。不登校になる可能性もきわめて高い児童生徒である。この群の児童生徒たちは，全体活動をさせる前に，個別の特別な対応を必要としている，すなわち三次対応レベルも必要な児童生徒たちである。

**◆学級崩壊の予防**

Q-Uで明らかになった学級全体のプロットの分布，学級担任の教師の観察報告から，学級集団の状態がアセスメントできる。

また，学級集団の崩れは突然発生するものではなく，ある程度時間の経過とともに，典型的な形を示すものである。筆者の研究室では，これらに関するデータが豊富にある。これを応用して，学級崩壊の予防，学級集団を立て直す方向を見いだすことができるわけである（概略は第3章を，具体的な対応は第4章から第7章を参照のこと）。

また，この取組みは学級崩壊の予防だけではなく，教育環境向上への取組みそのものであり，よりよい教育実践へのアプローチでもあるのである。　　　　　〔武蔵由佳〕

# 第1章

本書の活用の仕方

## 第3節
# スーパービジョンの展開

本節では,「Q-U」を用いて,学級経営のスーパービジョンのむずかしさと留意点,そして,そのうえでの具体的なスーパービジョンの仕方,教員研修のもち方を解説する。

**学級経営のスーパービジョンのむずかしさ**

スーパーバイザーの役割は,学級経営の対応に対するスーパービジョンである。教師個人に行う場合もあれば,教師チームに行う場合もある。具体的な内容は,対応のストラテジー・戦略を立て,それを実施するうえでの具体的なスキルの指導をするのである。

学級経営のサポートはむずかしいものである。その理由は,担任教師がスーパーバイザーに伝える学級集団の状態と現状の実態とには差異がある,という事実である。それは,担任教師は,学級のなかで見えている部分と見えていない部分があり,見えている部分だけで学級集団を理解しているからである。

見えていないのは,担任教師が,自分の対応が子どもたちにどのように受け取られているのか,という点である。子どもたちは,担任教師が意図した対応に反応するのではなく,その教師の具体的な対応をどのように受け取ったのかによって反応するからである。したがって,具体的なスーパービジョンは,担任教師の思いや情報を受け入れつつも,担任教師の対応を,子どもたちがどのように受け取って反応しているのかを,スーパーバイザーが判断しながら進めていかなければならない。

また,学級集団をアセスメントするには,学級内の子ども一人一人の状態,学級集団の状態像,そして学級集団の状態と個々の子どもたちとのかかわりの3点を,統合してとらえることが必要である。それを担任教師が一人で行うことがむずかしいのである。

学級経営のスーパービジョンを進めていく際には,子どもたちの学級生活に関する内的世界を知る具体的手だて,前述の3点の内容を統合的に知る具体的手だてが必要なのである。その具体的手だてとして,「Q-U」を道具として用いることが,現在,学校現場に急速に広がっているのである。それは,いままでこのようなツールがなかったためである。

スーパーバイザーはQ－Uの結果と，担任教師の報告を合わせて検討することで，以下の3点が理解でき，そのうえで対応策をスーパービジョンすることができるのである。
○子どもたちの学級生活に関する内的世界
○学級内の子ども一人一人の状態，学級集団の状態像，そして学級集団の状態と個々の子どもたちとのかかわりの3点
○担任教師の対応が子どもたちにどのように受け取られているのか

## スーパービジョンをする際の留意点

　学級経営から生じる問題は，個々の担任教師や特定の子どもに問題があるのではない。教師の学級経営方針と対応の仕方と，個々の子どもたちの特性と環境としての学級集団の状態との，関係性のなかに問題が生じてくるのである。したがって，特定の個人の責任を追及しても問題解決にはいたらない。スーパーバイザーが本書を活用して担任教師をサポートしていく際には，けっして担任教師の責任を追及する形にならないように，単なる精神論やなぐさめに終わらないように，問題解決志向で，分析的に対応してほしいと思う。

　学級経営の有効な対応策は一つではない。唯一絶対の対策もない。しかし，その学級により有効な対応策，その教師が無理なく取り組める対応策は必ずあるものである。それを精神的に追い詰められた担任教師を支えながら，一緒に考え，対応策を探してほしいのである。以下，留意点をいくつか示したい。

### １．カウンセリングとスーパービジョンのバランスをとる

　本ガイドは，担任教師に対する学級経営へのスーパービジョンが中心になっている。しかし，学級経営のスーパービジョンを進めていく前提として，担任教師へのカウンセリングは不可欠なものである。したがって，スーパービジョンをするスーパーバイザーの方々には，担任教師に対応していく上で，カウンセリングとスーパービジョンのバランスに適切な判断が求められる。その判断と，担任教師のメンタル面をサポートするカウンセリング技術は，中級・上級教育カウンセラーにはすでにあることを前提として，本書は作成されている。

　とくに，学級経営への不安から，ことさら自己の学級経営方針や対応の仕方の正当性を強調する担任教師や，逆に自己否定し，すっかり学級経営や教師としての自分に自信を喪失している担任教師への面接には，十分な配慮が必要とされる。

### ２．Q－Uのやり方・考え方を理解してもらい，問題解決志向の展開をする

第3節　スーパービジョンの展開

　学級経営がうまくいっていないと感じているときに，担任する学級集団の状態を調査されることに，抵抗感をもつ担任教師は少なくない。しかし，学級集団の状態をある程度客観的にとらえなくては，具体的な対応策を見いだすことはできない。また，いくつかの対応策を立て，それに取り組んでいる過程で，学級集団の状態がいい方向に変容しているのか否かは，とても気になるところである。対応計画，対応の仕方のチェックである。その評価が，Ｑ－Ｕを繰り返し実施することで検討できるのである。

　さらに，子どもたちの建設的な方向への変容が，行動や態度に表れるのにはある程度の時間がかかる。追い詰められている担任教師は，どうしてもマイナスの面ばかりが目につき，結局どの取組みもダメなのだと自分であきらめてしまい，対応策を継続して実施していく意欲を喪失してしまいがちになる。そのような担任教師の意欲を持続させるためにも，Ｑ－Ｕの結果は有効に活用できる。結果で示された子どもたちの変容によって，この取組みを続けていこうという意欲が維持されるからである。

　ただ，どうしても抵抗が強い場合には，いくつかの学級集団のパターンの説明（４章から７章）を読めば，面接している担任教師の学級集団の状態の，おおよそのパターンは理解することができる。そのような場合は無理強いをしないで，いまはカウンセリングの比重を高めて対応することが必要な時期なのだと考えて，Ｑ－Ｕの実施を控える判断も必要である。結局，担任教師が自分で納得して取り組まなければ，いい対応はできないからである。

### ３．対応は現在地から徐々にレベルアップした目的地を目指すようにする

　学級の崩れは突然起こるのではなく，徐々に崩れていく。学級集団の育成も，一気に完成することはない。各段階ごとに対応策は違うのである。そのことを担任教師に理解してもらい，無理のない範囲で，じっくりとした対応が望まれる。ただし，くれぐれも学級の崩れには，早期の対応が重要である。

### ４．対応策は担任教師の力量に無理がなく，かつ，校内のサポート源を活用する

　直接対応策を実施するのは，相談を受けている担任教師である場合が多い。担任教師のなかには，自分の幼い子どもを抱えて時間に余裕のない人なども大勢いる。したがって，担任教師が物理的に，力量的にできる範囲で対応策を考えるのが不可欠である。素晴らしい対応策は，市販されている教育書にたくさん書かれている。しかし，いま必要なのは，その学級の状態にあった，相談している担任教師ができる範囲の，有効な手だてなのである。したがって，対応策は抽象論ではなく，授業の内容・展開，発問の仕方，注意の仕方

など，その担任教師が日々活用できる具体的な内容が必要なのである。それは何をするのか，しないのかという，かなり細かい範囲に及ぶ。

　また，学級集団の状態によっては，担任教師一人ではもはや対応しきれない状態も少なくない。そのようなとき，学校内の具体的な人的サポート源を発見し，協力を求めるような対応策も必要とされる。例えば，合同授業の展開や，ＴＴ（チームティーチング）の配置，小グループ活動への教師の過配などである。その手配と，協力体制による具体的な役割分担の指示も含めて，スーパーバイザーは対応しなければならないのである。

### 5．定期的に面接する

　一緒に立てた対応策を，ひと月も一人で実施できる担任教師は少ないものである。それぐらい悩みは深いのである。そこで，最初は週に一回など，短い期間での面接や連絡が必要である。それは立てた対応策の実施状況を確認する程度でもよいのである。現在地を理解し，次の目的地を設定したら，そこにいくまでの日数を計画し，定期的な面接が必要なのである。そして，さらに次の目的地に進むためには，Ｑ－Ｕを再度実施して，確認・修正しながら対応策を進めていくことが求められる。

## Ｑ－Ｕを用いたスーパービジョンの仕方

### 1．担任教師から確認しておく内容

　学級経営が難航するのは，教師の対応に，子どもたちが受け入れにくい面や，担任の意図とは違う受けとり方をしている面があり，それで問題が発生している場合が多い。また，配慮を要する子どもの理解の仕方や対応方法に，担任教師が気のつかない点があり，それが学級経営に支障をきたしている場合もある。

　このような点を明らかにし，学級集団の状態に照らして，担任教師が見えていなかった部分を一緒に確認し，そのうえで具体的対応方法を担任教師と決めていくことがスーパービジョンの第一歩である。そして，決定した対応を有効に展開するためのスキルのポイントを，担任教師に指導するのである。

　スーパーバイザーが担任教師から確認しておく内容は，以下の点である。この内容は，学級集団の状態のプロット図に書き入れると，理解が一気に深まる。

#### (1) 学級経営方針と日々の授業の進め方

　一人一人の教師には各自の教育観，学級経営観があり，それは教師各自の価値観の表れでもあるので，尊重することが大切である。しかし，それが日々の適切な対応として具現

第1章 本書の活用の仕方
第3節 スーパービジョンの展開

化されているかというと，別次元の問題である。日々の授業の進め方や，行事などの活動の取り組ませ方をざっくばらんに聞くことにより，その担任教師の本音の教育実践についての考え方を理解することができる。担任教師の本音の教育実践についての考え方と，学級集団の状態を重ねてみると，担任教師の対応が子どもたちにどのように受けとられているのか，つまり，指導タイプが推測できるのである。

### (2) 4群の子どもたちを担任教師はどうみているのか

4群の子どもたちについて，各群の子どもたちの共通する特徴を聞き，学級生活満足群と非承認群，学級生活不満足群の子どもたちの特徴を比べてみると，学級内で子どもたちが評価されるものさしと，感じている内容が明らかになる。

また，各群の子どもたちに対する教師の思いや，対応の特徴が見つけられる。やはり，担任教師は学級生活満足群の子どもたちには，好意的でプラスの評価をしていることが多い。非承認群の子どもたちに対しては，印象が薄く対応量も少ないものである。侵害行為認知群の子どもたちには，どこか理解・対応しにくい面がある。学級生活不満足群の子どもたちは常に気になっており，すでに個別対応していることが多いのだが，いま一つ効果がみられない，などである。

この作業を通して担任教師は，自分の対応の特徴と子どもたちにどのように受けとられているのか，学級内で評価されていると子どもたちが感じている"ものさし"は何かに気づき，自分の実践を客観視する視点が生まれるのである。

### (3) 学級内のリーダーと孤立している子ども

リーダーは学級委員や班長などのフォーマルなリーダーと，教師に反抗する子どもたちの中心人物，学級集団の中で影響力をもっている子ども，というようなインフォーマルなリーダーがいる。そういう子どもたちを確認し，4群の中のどの群にプロットされているのかを押さえることで，学級集団の今後の動きと対応に生かすことができる。

また，孤立している子どもたちを，学級集団の状態との関係の中で理解することによって，新たな対応の視点が浮かび上がってくるのである。

### (4) 学級内の小グループの実態

担任教師の目から見て，いろいろな活動でいつも一緒にいる子どもたちをマークするのである。学級内の小グループの実態を押さえることは，とても重要である。小グループのメンバーの構成，移動，グループ内の地位，小グループ同士の関係などである。これを整理し，4群と照らし合わせると，子どもたちの内的世界を反映させた理解ができる。リレ

ーションの形成でも，この小グループの存在を無視することはできない。

　小グループのなかに子どもたちの人間関係が閉じてしまうのではなく，広く学級集団全体に拡大するように，学級経営のなかにこの小グループを生かしていくにはどうすればいいのか，という具体的な対応の視点も見いだすことができるのである。

　とくに，担任教師には仲のよい友人同士に見えても，グループの他の子どもたちに対して一人だけ学級生活不満足群にプロットされている子どもは，グループ内でいじめの被害を受けている可能性がある。いじめの早期対応の重要なチェックポイントである。

### (5) プロットされている位置が理解できない子ども

　教師の日常観察から，そのプロットされている位置が理解できない子どもは，本来の状態よりも無理をして，過剰に学級集団に適応しようとして明るく振る舞っている，みんなに合わせている，家庭の問題などの学校外での大きな問題を抱えて悩んでいるなど，教室での行動と内面にギャップのある子どもが多い。

　その理由はさまざまだろう。ただ，学級内の様子は，行動や態度と内的世界の間に矛盾があるわけだから，その理由を理解することは大事である。日常観察のポイント，言葉がけの工夫など，その理解するための具体的な対策を立て，その理由を把握することが早期に求められる。

### (6) 担任教師が学級の問題と考えていること

　学級が集団としてまとまりがなく，トラブルが多く落ち着いた生活ができない，その理由として子どもたちの人間関係が表面的になっているなど，担任教師が学級の問題と考えていることを知ることによって，スーパービジョンをする糸口が示される。また，学級経営に対する担任教師の本音も理解することができるのである。

## 2．スーパービジョンの展開

　Q-Uを用いた学級集団の状態，担任教師に対する聞き取り面接によって得た情報を検討し，それに基づく対応を，実際にスーパービジョンを進めていく順番に，以下に整理する。

①学級集団の現在地を確認する

・プロットがどのパターンか

・リレーションとルールの確立の状況はどうか

②担任教師の指導タイプは子どもたちからどのように受けとられているのか

・ポジティブに受けとめている子どもたちはどういう子どもたちか

## 第3節 スーパービジョンの展開

・ネガティブに受けとめている子どもたちはどういう子どもたちか
・学級内で評価されると子どもたちが感じている"ものさし"は何か
③学級集団の目的地を確認する
・1～2カ月で達成可能なパターンを学級集団の目的地として設定する
　崩壊初期，中期，後期，末期のどの対応か
④学級経営の大きな方針を確認する
・リレーションとルールの確立をどのレベルまで求めるのかを確認する
⑤具体的な教師の対応を確認する
・授業の展開の仕方（一斉授業の割合，課題の出し方・レベル・量）
・集団活動の取り組ませ方
・掃除・係活動への対応
・問題行動に対する対応の仕方
・個別配慮を要する子どもへの対応
・朝，帰りのショートホームルームの運営の仕方など

　大事な点は，何でもかんでもやるというのではなく，その担任教師が対応できる物理的時間，力量，特技を考慮して，これだけならできるという内容を厳選することがポイントである。精選した対策を，期間中徹底して取り組むのである。それが集団の力動にインパクトをあたえ，個々の子どもたちも変容してくるのである。

⑥推測される問題点への対応策を確認する

　対応を展開する際に，予測される問題点の対策を事前に考えておくことによって，担任教師の取り組みに対する不安を軽減する。必要ならば，次のトレーニングを実施する必要がある。

○「子どもは～でなくてはならない」という，柔軟性に欠けた考え方に凝り固まっている
　担任教師に対して，論理療法を用いてビリーフを修正する練習をする
○発問，指示，注意の仕方が適切にできない担任教師に対して，頻繁に発する必要がある
　せりふを事前に作成して，ロールプレイ方式で練習する
○対応するのが苦手な子どもがいる担任教師に対して，具体的な子どもと特定の場面設定
　をして，ロールプレイ方式でソーシャルスキルトレーニングをする
○子どもとリレーションが形成できない担任教師に対して，自己開示する方法を練習する
　話し言葉が高圧的にならないように，アサーション・トレーニングを実施する

⑦今後の面接の計画を確認する

　面接には2つの内容がある。
・心情面をサポートし，対応する意欲の維持を図る
・対応策の実施状況を確認し，より有効な展開の仕方を考える

## スーパーバイザーが教員研修会の講師をする場合のポイント
### 1．定期的な教師同士の学級経営についての研究会の必要性

　校内や地区の教員研修会で，学級経営そのものを取り上げた研究会や研修会が行われるのは，まだまだ少ない。教師側のニーズがもともと少ないというよりも，有効なものが少ないので期待されなくなったのだと思う。学級経営の目的や教育的意義は語られることはあっても，それを具現化する方法論が，日々の教育実践につながるような具体的な内容になっていないからだと思う。たとえば，方法論には精神論や一般論が多く，結局は，「教師一人一人が，学級内の個々の子どもたちのよさが生かされるような学級集団の育成に，がんばって取り組みましょう」という結論で終わってしまうことが多いのではないだろうか。

　たしかに，そのときは教師の意欲は喚起されるだろうが，具体的な方策や学級経営の計画が見えてこないと，その意欲も具現化できない。それではせっかくの研修も教師たちにはメリットの少ないものになってしまう。結局，時間の無駄と多くの教師たちが感じてしまっているのだと思う。

　ただ，特定の学級を取り上げて，その学級集団の状態や，どのような学級経営がなされているのかを検討することは，とてもむずかしい面がある。それは，学級経営は教師の仕事のなかでもとても重要な位置を占め，学級経営のよしあしが，一人の教師の力量を周りの教師が評価するものさしになることが少なくないからである。

　それだけに，おいそれと他の教師の学級経営について，コメントすることができない雰囲気が学校にはある。学級担任制をとる小学校では，とくにその傾向が強い。その悪い面が，自分の学級集団の状態が悪くなっていることを，周りの同僚に知られることは非常に恥ずかしい，学級が崩壊状態らしいのだが担任教師から直接ＳＯＳがでるまで口を出しにくい，という雰囲気を学校内に生み，学級崩壊の問題をより深刻化させてしまうのである。子どもたちに集団で関わることが圧倒的に多い教師は，定期的に自分の関わる学級集団の理解や，学級経営についての研修会をもつことが必要だと思う。

　そのためには，教師同士が抵抗なく自分の学級を開示し，他の学級についてもコメント

第3節 スーパービジョンの展開

できるような方法，精神論や一般論ではなく，具体的で問題解決志向の話し合いができるような方法が必要なのである。そのような話し合いの中で，教師同士が実践のなかから獲得した互いの知見を出し合い，参加者全員の力量を高め，ともに連携していくことが，学級経営がむずかしくなった現在の学校現場では，必要不可欠なのである。

筆者が開発した『K－13法』は，教員研修会のための，Q－Uを用いた学級経営の事例研究のやり方のマニュアルである。学級集団の分析的理解と対応方法の検討の仕方と，教師同士が抵抗なく・具体的な問題解決志向の研修会を進められるようなやり方を，同時に演習方式で学習するものである。

最初は，このような研修会の講師を，スーパーバイザーに数多く実施してもらえることを願っている。それが最終的には，教師同士で学級経営の研究会を校内や地域の研究会で実施できることにつながると思うからである。教師同士が放課後の1時間くらいで，学級経営に関するこのような研究会を実施できれば，教師の学級経営の力量が向上し，学級崩壊はかなり予防できると思う。

### 2．研修会・研究会運営のポイント

①学級集団の事例を提出してくれた担任教師が元気になるように

学級集団の状態のプロットと情報を提出してくれた学級担任が，会が終わった後で，学級経営をする意欲が高まり，前向きに学級の子どもたちと関わっていこうと思えるようになることが，いちばん大事である。いくら学級集団の問題がわかっても，つらい気持ちになったとしたら，明日からの対応に積極的に取り組もうという気持ちにはなれないからである。したがって，研修会（研究会）に参加する教師たちの発言の仕方や態度がとても重要である。スーパーバイザーは，問題の考え方や発言の仕方を，事前にルールとして徹底させておくことが必要である。校内研究会ではとくに大事である。

ルールとして確認しておきたい内容は次のようなものである。

○担任教師の責任を追及するのではなく，提出された学級集団の状態を受け入れ，そこからどう対応していくのかを，問題解決志向で考える

○「～だから～だと私は思う」とアイ・メッセージで発言する。

事例提供者と参加者は対等なので，指導するような雰囲気にならないようにする

(事例提供者が若い教師で，参加者がベテランの教師が多いときはとくに注意する)

○提出された学級集団の事情，担任教師の事情に合った具体的な内容を話す

その担任教師が明日からどうすればよいのかという，行動レベルで話す

理想論，精神論，抽象的な内容を長々と話さない
②参加者全員の学級集団や子どもたちをとらえる視点が広がり柔軟になるように
　出された考えをその都度議論するのではなく，いろいろな視点からたくさんの考えがでることを奨励する。少数の考えも大事にする。
③全員の学級集団の理解と対応する能力が向上するように
　学級集団の理解と対応する能力の向上とは，より多くの視点から学級集団の状態を理解し，対応する仮説を複数見いだせ，重要度とその学級集団と担任教師が取り組みやすい順番に順位づけができ，目標に対して週ごとの行動内容，日々の修正すべき行動内容が設定できるようになることである。
　自分の考えややり方に子どもたちを合わせようとするのではなく，子どもたちや学級集団の実態から，学級経営目標や対応方法を柔軟に駆使できるようになることである。
　結論として，学級経営の研究会は，まず教師同士の連携，チームワークづくりが第一で，そのうえで能力の向上を目指すのだ，という点を押さえておくことが大事である。

### 3．具体的な展開の仕方

　Q－Uを活用した『K－13法』は，Q－Uを活用した調査法と，教師たちの日常観察や面接，経験から得た知見の統合を目指している。それによってこそ，明確なアセスメントに基づく，適切な対応策が見いだせるのである。

　『K－13法』の構成は，インシデント・プロセス法，ブレーンストーミング法，KJ法の一部を活用した，メンバー全員参加による，集団思考・体験学習型の事例研究法である。全部で13の内容に取り組みながら，学級集団の理解と対応を検討していくものである。やり方に慣れてくると，約1時間前後で実施できるようになる。

---

### ［展開の仕方］

#### 1．事例提供者は学級集団の事例の一部分（インシデント）を発表する

　参加者はプロット図にマークしたり，内容を書き込む
①学級のリーダーを説明する
②配慮を要する子どもを説明する
　同時に，プロットされている位置が予想外の子どもがいたら説明する
③子どもたちの主なグループを説明する（グループの特徴，リーダー）
④学級の問題と思われる内容を説明する

第1章 本書の活用の仕方
第3節 スーパービジョンの展開

**2．参加者は事例提供者に質問し，事例に関する情報を得て，問題の全体像を理解する**
⑤参加者は事例提供者に疑問点・確認したい点を質問し，応えてもらう

**3．アセスメント**
⑥参加者（事例提供者も含めて）が考えられる問題発生・維持の要因を，できるだけ多くカードに書く
⑦全員で似た内容のもの同士を集めて(カードを画用紙に貼っていく)まとめ，小見出しをつけて整理する
⑧カードの貼られた何枚かの画用紙を，重要だと思う順番に並べ，そう考えた理由を発表し合い，全員で協議して，一応の統一見解・仮説をつくる
「私は～だから～と思う」という，アイ・メッセージで発表する

**4．対応策の検討**
⑨⑧の解決法をできるだけ多く発表する（抽象論ではなく，具体的な行動レベルで）
＊その教師が現状の力量で，物理的に取り組める内容にする
⑩⑦と同じように整理する
⑪⑧と同様に順番をつけ，統一の対応策をつくる
目的地を明確にし，1カ月後のサブゴールも明確にする
⑫事例提供者の不安な点，懸念される問題点について，対処策を確認する
⑬結論と決意の表明
事例提供者が取り組む問題と，具体的な対策をみんなの前で発表する
全員の拍手をもって終了する

【フォローアップ】
・1～2カ後に，再びQ-Uを実施し，ポジティブな変容が認められない場合は，再び同様の会議を実施する。

　このような事例研究会に数多く参加して演習することで，教師の学級集団をアセスメントする能力，その学級集団の状態に対して具体的な対応方法を見いだす能力が，格段に向上する。いろいろな教師の視点や，対応するポイントを吸収することができるからである。
　自分の力量がどの程度高まったのかを確認する手っ取り早い方法は，Q-Uを実施したとき，集計する前に，何も書かれていないプロット用紙に，学級の子どもたち一人一人のプロットを予想して書き込むのである。そして，集計した後の結果との一致率を確認する

わけである。一致率が高くなればなるほど、力量が向上したと言えるだろう。学級内の子ども一人一人の状態、学級集団の状態像、そして学級集団の状態と個々の子どもたちとのかかわりの3点が、かなり見えるようになってきた証拠だからである。

　このような取組みの目的が、学級崩壊の予防から、心の教育の推進のためにと、その比重が変わってくれば、学校教育にも明るい兆しが見えてくることだろう。

★インシデント・プロセス法（ポール・ピゴーズ考案）
　事例提供者は事例を一部分（インシデントという）示すにとどめ、参加者は事例提供者に質問することで事例に関する情報を得、問題の全体像を理解していく。そして、問題の理解とその対応について、個人のみならず集団で立案していくものである。
　インシデント・プロセス法の実施効果として、次のようなものがある。
　　・メンバー間のチームワークが向上する
　　・メンバーの知識を向上させ、問題解決をしようという意欲を高める
　　・メンバーの問題解決能力を向上させる

★ブレーンストーミング（オズボーン・F 考案）
　集団の検討会で、メンバーが考え出すアイデアの数を増大させるための討議手法である。メンバーが自由に自分の考えを出しやすいように、以下の4つのルールのもとに、討議をするわけである。
　　・他人の提案や考えを批判することの禁止
　　・自由な思考と突飛な考えを歓迎する
　　・提案済みの考えの結合や修正は許される
　　・アイデアの数が求められる

★ＫＪ法（川喜田二郎 考案）
　討議の参加者の先入観にとらわれない、少数意見も尊重される、問題の把握や対応策を決定する手法である。問題に関係のある多くの内容の項目を、似たもの同士を集めて中項目にし、さらに同じ要領で大項目にまとめるという形で、多くの事例や事象を整理することができる。

〔河村茂雄〕

# 第1章

本書の活用の仕方

● 第4節 ●
## 崩壊状態に対するスーパーバイザーの役割

　本節以降は，学級がすでに崩壊の状態にいたり，集団として機能しないばかりか，教室が教育環境の体をなさなくなっているときに，スーパーバイザーとしてどう危機介入していくのか，その概略を解説する。危機介入とは，マイナス点から原点に戻す取組みである。第4節ではスーパーバイザーの役割と対応の骨子を解説する。第5節では，私が学級経営の危機介入で用いている手法である，「再契約法」について解説する。この手法は，現在筆者が首都圏を中心に数10例実施し，効果をあげている方法である。そして第6節では，保護者への説明と協力を依頼する，臨時保護者会の運営の仕方を解説する。学級崩壊の対応では，保護者の心配やクレームに対処する対応が重要なものになるからである。

　スーパーバイザーは，外部の専門家（教育カウンセラー，有識者）や校内の管理職，生徒指導主任，教育相談主任，学年主任が担うことになる。スーパーバイザーが行うこと（スーパービジョン）とは，対応の具体的ストラテジー，スキルの指導である。

### 1. スーパーバイザーの役割

　学級崩壊の対応には，組織対応が不可欠である。管理職が呼びかけ，崩壊学級の対応を全教員で支援していくことを確認することが，スタートである。対応チームの組織の仕方は，崩壊の度合いや学校の事情にもよるが，当該学級が所属する学年団を核にして，そこに管理職，生徒指導部，教育相談部，養護教諭が参加したチームが基本単位となる。そこに状況に応じて，校内の必要な教員が参加するのである。このチームには必ず明確なリーダーが必要であり，管理職（教頭の場合が多い），学年主任，生徒指導主任，教育相談部主任がなる場合が多い。

　スーパーバイザーの役割は，このチームの対応の仕方に対するスーパービジョンである。リーダーに対して作戦参謀のように行うこともあれば，チーム教員全体に対してのスーパービジョンとなる場合もある。また，スーパーバイザーは，リーダーが兼ねる場合もある。具体的な内容は，対応のストラテジー・戦略を立て，それを実施する上での具体的なスキ

ルの指導をするのである。当然その役割には，教育実践に関するものだけではなく，学校組織，ＰＴＡなど，教育外の領域も含まれる。

問題は，担任教師や特定の子どもが悪いのではない。担任教師と子ども，子ども同士の関係性が悪くなっているのである。したがって，責任の追及，犯人探しは，学級崩壊の対応としては建設的ではない。苦しんでいるのは，担任教師であり，子どもたちなのであり，それをサポートするのが目的だからである。この対応が，くれぐれも犯人探しにならないように，問題解決志向で展開できるように指導するのがスーパーバイザーの役割である。

**(1) 対応すべき領域**

中心は，①学級集団，②校内の教員組織・学校活動の内容，③保護者，である。①の学級集団については別項で詳細に取り上げるので，ここでは②③について内容を整理する。

②校内の教員組織・学校活動の内容

該当学級の授業展開（チームティーチング，小グループ対応に必要な教員の配置）に伴う調整，校務分掌の役割の柔軟な調節（担任教師の役割の調節，子どもたちへの個別相談の担当配置，保護者への対応の役割設定など），学校行事，他の学級の子どもたちと合同で行う活動（部活動，縦割り掃除，委員会など）をどのように展開するのかなどの具体的な計画を立て，その計画を実施する担当教員とその役割を明確に設定するのである。担任教師が直接対応したほうがよいものと，しばらく他の教師に代わってもらい，担任は他の役割や課題を行うほうがよい場合があるのである。

計画には，対応する期間の予想を立て，それを最低でも４段階（パニック状態を鎮める，調整した環境の中で安定した行動をさせる，平常の体制に戻る対応をする，平常の体制で安定できる対応をする）目安を設け，定期的に状況をチェックして，対応を展開していくわけである。学校の年間計画をにらみながら，どのレベルで折り合いをつけていくのかがポイントになる。対応には，少なくとも２〜３ヶ月を要すると腹をすえる必要がある。

③保護者

学級が崩壊状態になると，授業が成立しなくなるとともに，いじめなどの人間関係の問題も頻発し，保護者は不安になり，学校や教育委員会にクレームを多数寄せてくる。また，保護者間でのうわさも広まり，担任不信，学校不信も高まってくる。そこで学校側は臨時保護者会などを設定し，保護者のクレームを聞き，学校に協力を依頼するような対応が必要になってくるのである（詳細は第６節参照）。

また，このような状態のとき，一部の保護者は担任以外の教師（前担任，部活動の顧問，

第 1 章　本書の活用の仕方
第 4 節　崩壊状態に対するスーパーバイザーの役割

PTA活動で知り合った教師など）に，いろいろと相談をもちかけたり，情報を聞こうとするものである。②にも関係するのだが，このときの教師たちの対応が，保護者たちの学校への協力体制につながる場合もあれば，逆に不安をあおる形になり，混乱が増大する場合もあるのである。保護者への対応は，学級崩壊対応の大きな柱の一つである。リーダーは，このような場合，教師たちはどのように対応するのかも，共通理解を図っておく必要がある。

## 2．学級集団への対応

　学級集団のなかのルールが崩壊し，人間関係がギスギスと荒れた状態，教師のリーダーシップが通用せず，教室は烏合の衆のような状態になっている。子どもたちを学級という枠に集めること自体が，すでに教育的ではなくなっている状態，それが学級崩壊である。

　この対応の骨子は，次の(1)(2)である。

### (1) 学級集団の力動から生じるマイナスの影響から，子どもたち，担任教師をサポートする

①子どもたちへのサポート

　サポートの中心は，「心的外傷への対応」，「学習する権利の保障」である。

●**心的外傷への対応**　学級生活における欲求不満から，子ども同士は相互に傷つけ合うことが多くなる。いじめ，小グループの対立，特定の子どもたちの反社会的な行動といった形で学級内にトラブルが頻発し，教室には陰湿な緊張感が漂い，子どもたちは心が傷ついていく。対応は，トラブルに伴う心的外傷への対処と，表出する問題の根底にある，子どもたちの人間不信と無気力感，それに伴う強い防衛意識・行動への対処である。

●**学習する権利の保障**　学級崩壊している状態では，教室では授業が成立しておらず，子どもたちの学習する権利が保障されない状態になっている。子どもたちが集まることが，学習に向かえない状況をつくりだす原因となっているので，それに対しては一時，物理的な対処をすることが求められる。

　具体的な対策としては「全体的対応」と「個別的対応」がある。

●**全体的対応**　集団化することで，子どもたち相互にネガティブな感情が生起したり，互いを傷つけ合ったり，刹那的な逸脱行動に向かったりしないように，次のような対応が求められる。

○学級集団を一時解体し，個別に教師がつき小グループでの生活・活動に切りかえる
○学級集団に一時複数の教師が入り，チーム担任制をとる

軋轢が生じる可能性の高い子ども同士の間に教師が入り，物理的に安定する環境を整え，子どもたちに学習や活動をさせていくのである。

●**個別的対応**　校内の教育相談体制を整え，放課後に子どもたちが気軽に相談できる窓口をつくるのである。学級生活に対する不満解消，居場所づくりの側面もある。

②担任教師へのサポート

サポートの中心は，「メンタルヘルスへの対応」「取り組める役割の設定」である

●**メンタルヘルスへの対応**　担任教師は精神的にも追い詰められており，普段ならなんともない平常の教育実践をすることにも支障をきたしていることが多い。このような担任のつらい思いを十分に受け止める必要がある。この役割は，ある程度カウンセリングの素養のある者が担当することが必要である。

●**取り組める役割の設定**　担任教師の仕事を，一時的に大きく軽減するだけではダメである。それでは担任教師も自分は一人前ではないという烙印を押されたようで，学校内でいたたまれなくなってしまう。また，他の教師もみんなそれぞれに忙しく，さらに援助が加わることで余裕がなくなり，担任教師をサポートしようとする意識が低下してしまう。

学校組織の一員として，学校全体の仕事にできる範囲で寄与できるような役割を設定し，その中で力を発揮してもらうことが大事である。事務的な仕事が中心になるだろう。しかし，くれぐれも，担任のメンタルヘルスの状態を考慮したうえでの設定が求められる。

**(2) 学級を集団として再組織化する**

この対応は(1)の取組みを通して展開していく。つまり，(1)の取組みは子どもたちの個に応じた対応を重視するが，本節冒頭で説明した対応の4段階にそって，最終的には学級集団として成立し，そのなかで子どもたちが生活・活動できることが目的だからである。

再組織化とは，物理的に小集団に分けたなかで，子どもたちが建設的なルールにそって生活・活動し，その中で子ども同士，担当する教師とのリレーションを体験することで，小集団の中にルールとリレーションの確立を図る。そして，その輪を徐々に広げていき，最終的に学級集団全体にまで拡大するのである。ルールとリレーションの確立した学級集団の中で，子どもたちがある程度安定した生活・活動ができることが，ゴールなのである。

現実には，崩壊状況，対応に残された時間によって，目安となるゴールは違ってくる。したがって，学級崩壊の対応は，ザ・ベストの対応をめざすのではなく，その学級，その学校の組織力に応じた，マイ・ベストの対応をめざすことが期待されるのである。

〔河村茂雄〕

# 第1章

本書の活用の仕方

● 第5節 ●
# 再契約法の進め方

　学級内のリレーションもルールも崩れ，学級が集団として成立できないような状態になった場合，一部の子どもたちは楽しんでいるが，多くの子どもたちは不満や不安感をもって学級生活を送っている。教師の指導はすでに通らなくなっており，子どもたちはどうにもできない教師に不信感を抱くようになる。

　このような場合は，さらに指導を強める方法で学級集団を立て直すことはむずかしく，まず現状を総括して，その後，再スタートをきるという発想が必要である。

　本節では，河村の提唱する再契約法について説明する。

## 1．教師の思いの自己開示と導入のアンケート

### （1）教師の思いを伝える

　学級集団の現状について，率直な思いや感情を教師が自己開示する。内容は，学級集団がバラバラで楽しいことが少なくて残念であること，このままの集団の状態のなかでみんなの成長を考えると心配であることなどである。いつもの説教と受け取られないように，だれがいけないのかとか，なぜこうなったのかという原因追及をしないで，現状をどう受け止めているかを淡々と語ることである。

　何も材料がないところで話すことがむずかしい場合は，事前に学級生活について「⑤とても面白い，④面白い，③ふつう，②面白くない，①とても面白くない」の5段階の簡単なアンケートを無記名で実施し，それを材料に話してもよい。また，一人で進めることに見通しがもてない場合は，管理職や学年の先生に入ってもらえるようにお願いしておくとよい。

　この再契約のきっかけをつくる機会は，行事のない時期を選び，一日の最後の時間か，帰りの会で行い，日を改めて再契約の時間を設定する方法がよい。

### （2）導入のアンケート

　みんなの率直な意見も聞かせてほしい，アンケートに協力してほしいと同意を取り，

用紙を配布する。「みんなはどう感じているか。思っていることを書いてほしい」と投げかける。アンケートの内容は、「①学級について感じていること、考えていること、②学級生活で自分や友達が困っていること、③学級生活の中で改善したらいいこと、④先生にしてもらいたいこと」などを盛り込む。大事なことは子どもたちの本音を確認することである。教師批判も出るかもしれないが、謙虚に受け止めて再スタートの材料とする。このアンケートは、再契約の日までに集計して、プリントか掲示物にまとめておく。

## 2．アンケートの結果報告と教師の願いを語る

　アンケートの結果をまとめたものを提示し、順に紹介する。そして、「率直な意見を書いてもらって、つらいところもあったが、たくさんの人がつらい思いをしていたり、これでよいとは思っていないことがわかったりしてよかった。できれば楽しい学級にしたいと思っているし、こうやって書いてもらったいまが、やり直す最後の機会ではないかと思っている」ことを語り、学級のこれからのことを話し合うことへの同意を得る。

## 3．問題を明確にして対策を立てる

　アンケートの集計をもとに、学級の現状について教師からまとめ、学級の子どもたちからのつけ足しの意見をとる。教師についての注文についても多いものを選び、これから改善していくことを確認し、学級の子どもたちの同意を得る。

　次に、明確になった問題点について具体的な改善策の案を提示し、一つ一つを具体的に確認しながら同意を得ていく。

## 4．ルールの検討

　改善策にそった内容でルールを教師側から提示し、学級の子どもたちにあったほうがいいと思うかどうかを確認しながら、ルールの設定をしていく。このときのルールは、要望の多いもの、集団のルールとして重要なものから設定していくようにする。

　このとき、「人を傷つけない」などの抽象的な内容ではなく、「いやなあだ名を言わない」など、できるだけ具体的なルールにして、守られたかどうかの基準が明確になるようにしておくことが必要である。採用されたルールは模造紙に書いて掲示する。

## 5．再契約

「みんなの協力で，この集団でやり直すための最低限のルールが設定できたことをうれしいと思っている」ことを伝え，今から再スタートすることを宣言する。

### (1) 再契約法の留意点

再契約法を実施するときのポイントは，この機会に十分に子どもたちの言い分や不満を出させることである。学級集団の崩れの中で，我慢し不満をためている子どもたちも多い。それらの気持ちをいったん受け止められなければ，スッキリと再スタートをする気持ちにはならないだろう。

また，「教師側の一方的な都合での再契約である」と子どもたちに受け取られないようにすることである。あくまでも，全員の楽しい学校生活を送る権利を守るためのものであることを前提にして進め，現状の問題点の認識や改善策，ルール設定についての同意を確認しながら進めることである。

さらに，再契約は儀式性が必要である。事前に準備した細かい構成の中で，厳粛に進めることを大切にしたい。担任一人で進める見通しがもてないときは，学年の教師や養護教諭など，複数の教師が司会や記録などの役割をもって入ることも検討するべきである。

### (2) 学級を分解する

集団の状態によっては，学級全員で再契約法を行うこと，再スタートをきることができないことも考えられる。ルール破りや反抗的な行動が定着し，それらに同調せざるを得ない雰囲気が強く，子どもたちが集団としての悪いシステムに巻き込まれてしまっている場合である。ここまで崩れが進行している場合は，いったんいままでの悪いシステムから一人一人を切り離す必要がある。そのときには，学級を分解して立て直すことを前提にし，再契約法を行う。

進め方は，再契約のなかで，落ち着いて生活ができるようにしばらく学級を分解してグループごとに授業を行うことを盛り込み，同意を得て学級の分解を行う。1グループ6人～10人ぐらいで学級を3～4つに分け，グループの担当は，担任のほかに教頭や教育相談担当，担任外の教員などで分担する。空き教室を利用して，それぞれのグループごとに朝の会から授業，給食，清掃，帰りの会までを，3週間を一応のめどに行うことにする。このとき，それぞれのグループの担当教師がそれぞれのやり方で行うのではなく，再び担任が学級をまとめることを目的として，同じ内容について同じ方法で注意するようにすることが大切である。このときのポイントは，

①できるだけ少人数（または一人一人）に対して語りかけるようにする，
②子どもが指導を受け入れるように強い叱責は避け，説得するようにする，
③子どもたちに定着した悪い行動（指示に従わずにすまそうとする，反抗する，集団の流れるほうに流される）について見逃さずに注意するようにする

ことである。

　学級集団を元に戻すときには，ゲームや遊びなどを合同で行うことや学習の活動の発表会を合同で行うなど，教師が構成をした枠の中での交流をしながら，様子を見て，集団としての悪いシステムが働かないことを確認して学級を統合する。

　ここまで，早くて1ヶ月程度の時間を見込みたい。担任はこれまでの授業の進め方，指示・注意の仕方，話し方について集団の状況と合わなかった部分を修正し，統合した学級で再スタートをきる。この間に分解したグループの担任はこまめに作戦会議をもち，担任を支えるとともに，指導の方法についての統一をとる。どの先生も同じように対応して，統合した学級で再スタートしたときに，子どもたちから担任の対応に不平や不満が出ないようにすることが重要となる。

　なお，学級を分解して再契約法を行うときには，必ず保護者への説明が必要となる。保護者会の具体的な運営の方法は次節で説明する。　　　　　　　　　　　　　〔粕谷貴志〕

●引用文献：河村茂雄『学級崩壊　予防・回復マニュアル』図書文化

# 第1章

本書の活用の仕方

● 第6節 ●

# 崩壊状態に対する臨時保護者会

　学級が崩壊した状態になると，保護者からの苦情の電話が学校に入るようになる。早めに臨時保護者会を設定して対応する必要がある。この時点で，すでに子どもたちからの情報によって学校への一方的な不信感をもっていることを前提に対応する必要がある。学校の今後の対応と見通しを明確に打ち出すことが大切である。

　この保護者会のねらいは，
①保護者の不安や学校に対する不満，要望を出しきってもらう，
②学校の対応する姿勢と具体策について理解してもらう，
③しばらくは学校の対応に任せて見守ってもらうことを確認する，
④保護者を通じて子どもたちに学校の方針と決意を伝える
ことである。

## 1．事前の準備

　担任，学年主任，校長，ＰＴＡ役員による話し合いを行う。ねらいは，①保護者の不安や不満の内容，程度について教えてもらう，②学校側と保護者側のつなぎ役をしてもらえるように協力を要請することである。ＰＴＡ役員の人たちには，事前に学校の対応の骨子を理解してもらっていて，保護者会の最初の趣旨説明，グループでの話し合いの中心となってもらうことをお願いする。

　ＰＴＡ役員との話し合いのほかにも，養護教諭や教育相談担当など保護者と接点をもちやすい教師がいれば，情報を収集しておく。

　この事前の話し合いや情報収集の結果をもとに，担任，学年主任，校長は情報を整理して，保護者会での対応を検討する。この際のポイントは，臨時保護者会での保護者の発言を想定して，その返答に備えることであるが，同時に，学級の問題点と対策をもう一度明確にしておくことである。

## 2．保護者会の進行

### （1）PTA役員の趣旨説明
　PTA役員から「保護者の意見を受け，学校側にお願いして，臨時の保護者会を開いてもらった。保護者の意見と学校の意見を聞き，前向きに問題解決につながるような会にしていきたい」との趣旨の説明をしてもらう。

### （2）校長の挨拶
　「意見や要望を聞きながら，学校側もできるだけ対応をしていきたいと考えている」との学校側の積極的な姿勢を明らかにする。

### （3）保護者からの意見を聞く
　司会から，この会の進め方の説明をして時間と方法の枠組みをつくる。具体的には，いっせいに自由に発言することを避け，事前にお願いしてあるPTAの役員の人たちを核にした小グループで話し合いを行い，各グループで話し合われた内容を全体の場で各グループの代表者に説明してもらう形をとる。また，話し合いに入る前に，公平に参加者全員から率直な意見をお聞きするため時間の構成をすること，個人攻撃や批判だけに終始せず，建設的な意見を出してもらいたいことなどを説明する。グループでの話し合いの構成は，簡単な自己紹介をグループ内でした後，全員から各2分程度で発言してもらってから自由な意見交流にするなど，一人の，声の大きな保護者の意見に振り回されない工夫をする。

　各グループからの発表については，すべて記録をとり，担任や学校への批判についても反論せず謙虚に受け止める姿勢を崩さない。要求については，司会役が「〇〇ということでよろしいでしょうか」と要約と確認をする。

### （4）学校からの具体策を述べる
　はじめに学校長から，一日も早くこの状態を打開する取組みを進めること。また，傷ついている子どもたちができるだけ少なくなるようにしたいとの方針を明確に打ち出すと同時に，子どもたちの学習などの権利を保障することを約束する。次に，学年主任，教頭などから具体策について説明を行う。このとき，①今後の指導体制（担当者）について，②方法と内容（学級を分解するときは，そのことも含めて具体的に），③当面の取組み期間，④個別の相談体制の保障，⑤学習内容の補充体制について，⑥今後の経過の報告体制（学級通信など）などをできるだけ具体的に説明する。質疑をとりながら，取組みへの理解を求め，さらにすぐに取り組める要望が出された場合は取り入れるようにする。

第1章 本書の活用の仕方

第6節 崩壊状態に対する臨時保護会

### (5) 学校の決意とお願い

　校長から，学校全体の支援体制で取り組む決意と，当面の取組みの結果を見守ってほしい旨と今後の協力のお願いをする。また，担任からも，これまでの経過を厳粛に受け止めてこれからがんばっていきたいという決意を述べ，協力をお願いする。

　このときに，学校への意見や要望はいつでも聞く体制があり，学校への意見は子どもさんに話さず，学校に直接伝えてもらうことをお願いしておく。また，変化がすぐに現れるとは限らないため，長い目で見てもらえるようにお願いするとよい。

　学校への協力体制として，交代で保護者が授業参観に入ることも考えられる。また，休み時間や放課後に巡回をお願いするケースもある。臨時保護者会の前にＰＴＡ役員との話し合いを行い，学校の姿勢と学校が現状の体制のなかでできることを理解してもらい，親の願いや援助資源の有無などの実態を踏まえて，お互いに問題解決志向で体制づくりができるとよい。

　また，学校側対保護者が批判しあうという最悪の構図にならないように，学校側とＰＴＡの協力陣営に保護者を巻き込む構図を事前につくり出しておくことが重要である。保護者会の席上で感情的な発言が出た場合やシビアな要求が出てきたときに，「いま子どもたちのためにできることを考えませんか」と発言してもらえるまで準備をしておきたい。

　臨時保護者会のタイミングは，再契約法の「導入のアンケート」を実施後がよい。子どもたちの気持ちを学校は理解しているのかという不信感を招かないために，子どもたちの声を聞いて，その実態把握に基づいて行うのである。また，学級を分解して行う場合は，その前に説明する必要があるため，実施するタイミングは「導入のアンケート」と「再契約」の間ということになる。事前の準備から計画的に行うことが大切である。

　以上，一つのモデルとして臨時保護者会の進め方の例を示した。これを参考にして実態に合わせてアレンジしていただければと思う。

〔粕谷貴志〕

●引用文献：河村茂雄『学級崩壊　予防・回復マニュアル』図書文化

# 第2章

学級経営の基礎知識

## ● 第1節 ●
## 学級経営の何が問題なのか

　なぜ，いま，学級経営に注目しなければならないのだろうか。

　それは，問題が噴出して，その対応が急務になっているという面も確かにあるだろう。しかし，それ以上に，学級経営がもつ教育的意義を再認識し，教師はより意識して，学級経営を通して，児童生徒の心の教育を推進することが必要になったからである。

　本章では，学級経営の意義を改めて再確認し，そのうえで，現代の子どもたちに応じた，その展開方法の骨子について解説したい。具体的には，第1節で，学級経営の問題の本質は何かを整理し，第2節では，現在の学校現場の実態，子どもたちの現状で注意しなければならない問題を取り上げる。そのうえで，第3節で，これからの子どもたちに応じた学級経営を進めていくうえで必要な，集団について解説する。その後，第4節で，それを支える教師のリーダーシップを解説し，第5節では，現代の子どもたちに合った，学級集団育成の概略を解説する。

### 1. 不登校と学級崩壊は連続した問題である

　1980年代半ばから深刻化してきた，不登校やいじめなどの問題の背景には，その最大公約数として，子どもたちの対人関係の問題がある。家庭や地域社会の中での体験学習の不足により，対人関係をうまく形成・維持できない，過度に不安や緊張が高くなってしまう，また，ストレスを適切に処理できないなどの傾向が，現代の子どもたちにはみられる。

　そして，これらの傾向は，対人関係を避けること，逆に攻撃的になってしまうなどの行動や態度として表面化している面がある。その結果，子どもたちが集まり，共に活動し，生活する学校という場面で，対人関係に起因したさまざまなトラブルが発生しているのである。教室は，子どもたちにとって，とてもストレスフルな場所になっているのである。

　1991年の不登校はどの子どもにも起こる可能性がある，という旧文部省の発表は，前述の面が子どもたちに広く一般化していることを明示したともいえる。

## 2. 学級崩壊は現代の子どもたちが集団にうまく参加できないというメッセージ

　1997年，マスコミに取り上げられて社会問題となった，小学校での授業が成立しない，普通に学級活動や学級生活が成立しないという「学級崩壊」という問題は，まさに子どもたちの対人関係の問題が，よりいっそう深刻化したことを物語っている。

　学級という集団の枠に対して，一部の子どもたちが不適応になっているという段階から，子どもたち同士で集団を形成することができない段階になってきた，ということである。このような状態が，情緒が比較的安定しているといわれていた，児童期の小学校でも発生したことが衝撃的なのである。

　心の教育は，既成の集団に適応できない一部の子どもたちへの対応から，すべての子どもたちの対人関係を形成・維持し，そのうえで，自ら，集団やコミュニティに参加・活動できる力の育成へと，より広く，より根本的な対応が必要となってきたのである。

　小学校現場で注目された学級崩壊の問題は，子どもたちの心の問題がもう一段階深刻化し，心の教育の系統的な取組みが急務になったことを示しているといえるだろう。この傾向は，中学校，高校へと，すでに波及していると考えてよいと思う。

　すべての子どもたちが不登校になる可能性をもつ，そういう状態の子どもたちが30人〜40人学級という枠に集められたとしたら，いままでどおり自ら集団になることはできず，学級崩壊はどこの学級にも起こる，ということなのである。まさに，不登校の問題と学級崩壊の問題は，連続している問題であり，子どもたちの対人関係の視点から考えると，その深刻さがいっそう悪化した現象が，学級崩壊なのである。

## 3. 対人関係の問題は人間の心理社会的発達の問題なのだ

　対人関係をうまく形成・維持できないまま育った子どもたちは，その後どうなるのだろうか。それは最終的に，自分は何者であるのか，という自己の確立がうまくできない，という人間の心理社会的な発達の問題として当人に残る。

　発達心理学の諸理論を引用するまでもなく，人間が段階的に心理社会的な発達をしながら自己の確立にいたるためには，その発達段階に見合った対人関係の体験学習が不可欠なのである。対人関係は，その人の心のよりどころとして情緒の安定に寄与するだけではなく，関わり合うことを通して，他者と自分という視点が生まれ，他者から自分に対するフィードバック(評価，励まし，叱責，肯定など)を得て，自分というイメージが形成される。したがって，自己の確立にいたるプロセスでは，いろいろなタイプの人と関わり合い，自

分のいろいろな面を体感することが必要なのである。

　さらに，思春期に入る時期からは，自分の内面的な問題，自分は何を大事にしたいのか，どのように生きていきたいのか，という実存的な問題を語り合えるような対人関係をもつことによって，自分に対するイメージが，自己概念として形作られていく。自分なりの価値観を形成することができるのである。

　つまり，人の心理社会的な発達を促進する対人関係は，より広く，より深く，という２つの直交するベクトルのバランスをとり，適度な負荷の中で試行錯誤しながら，体験学習されることが理想的といえるだろう。このプロセスを通して，人や社会とのかかわりの中で，自分なりに輝ける個性をもつ人間が形成されていくのである。「人間は人の間で人になる」とは，まさにこのプロセスを指しているといえよう。

　20代の若者の数百万人がフリーターである，という現状は，前述の考えに従えば，当然の結果ともいえる。自分は何者なのか，自分は何を大事にして生きたいのか，という自己が確立されていなければ，そのための目的や手段ともなる職業選択ができないのは，仕方のないことなのかもしれない。さらに，わずらわしいので地域社会に参加しない，役割や責任に縛られるのはいやだというように，成人しても社会人としての責任を自覚することができない状態にいたりやすい。「自分には関係ない」という感覚である。

　これは，最近の若い世代が情けないというよりも，都市化・共同体崩壊が進み，成長段階で対人関係が希薄化し，対人関係・社会体験の体験学習（感情交流の中で人との付き合い方，集団の中での行動の仕方など）が不足した結果だと思う。つまり，現代の子どもたちには，心理社会的な発達を促進させ，自己の確立が達成できるように，対人関係の体験学習を系統的に学習できるような教育プログラムが，まさに必要な時代になったといえるだろう。

　知識・技能を習得させる機関は，学校以外にもたくさんあるが，対人関係の体験学習を系統的に学習できる，そのような教育プログラムを実施できる機関は，現在の日本では学校以外には極めて少ない。学校教育はこの使命を担っていることを，強く意識する時代がきたのである。学校が担う教育機能は，単に児童生徒に知識・技能の習得をさせるという面だけではなく，心理社会的な発達を援助する側面をより重視しなければならない。ここに，学校の大きな存在意義があり，これを喪失してしまったとしたら，学校はその存在する意義を問われてしまうだろう。

　不登校から続く学級崩壊の問題は，学校にその存在意義を強く問うている。

第1節　学級経営の何が問題なのか

学級崩壊の問題は，授業が成立しない状況の中で，単に子どもたちの学習する権利を奪っているだけではなく，心理社会的な発達の促進に有効な働きができていないという面を，より深刻に受け止める必要があるのである。

## 4．子どもたちが学級集団の中で自ら学ぶこと

教育力のある学級集団の中で生活し，活動する中で，子どもたちは5つの影響を受ける。

○特別の面接や，所属する個人の専門的な能力や技能を必要とせずに，日々の集団体験から，新しい態度や対応をする機会が得られる
○教師や他の子どもの率直な指摘から，自分の行動や態度，および感情を修正することができる
○メンバー間の相互作用のなかで，新しい試みに向かう意欲が喚起される
○メンバーは，他のメンバーがよりよい方向に変化するのを見て，新しい試みをする意義と方法を知ることができる
○集団内の共通の情報と協同の経験が，個人の変容の試みを促進してくれる

その結果，子どもたちが学級で生活する中で，相互に学び合って社会性を身につける。親和的な人間関係のなかで，自分を対象化する作用が生まれ，自己の確立を促進する。つまり，教育力のある学級集団とは，上記のような人間関係の相互作用の力が豊富になっている状態の学級である。教育力のある学級集団は，所属する子どもたち一人一人にとっての居場所となり，彼らの心理社会的な発達を促進するのである。

したがって，教師の強い管理のもと，学級内の子どもたちが整然と行動できていたとしても，子ども同士の人間関係の相互作用の力が失われていれば，その学級の教育力は著しく低下している，崩壊しているといえるだろう。

教育力のある学級集団の育成，その学級集団での活動や生活を通して，子どもたち一人一人の心理社会的な発達を促進すること，これが教師の学級経営の目標である。このような学級経営が，心の教育，学校教育の目的を具現化するのである。

## 第2章

学級経営の基礎知識

● 第2節 ●
# 学級経営に関する教育現場の現状

### 1. 小学校における学級編成の実態が意味するもの

　近年の小学校の現場で、学級編成のシステムに大きな変化が起こっている。１０年前までは、２年に１回（１，３，５年次に新しい学級になる）の学級編成がえを行うのが、多くの学校の主流だった。それが、毎年学級編成がえを実施する学校が、都市部を中心に急速に増えてきて、その流れが地方にも広まってきている。さらに、１学級の児童生徒数も、可能な限り少人数にする傾向が高まっている。これらの現象は何を意味しているのだろうか。

#### ■大規模な学級生活満足度調査から見えてきたこと

　1000を越える学級を対象に、そこに所属する子どもたちの学級生活に対する満足感を、Q-Uを用いて、本研究者は５年間に渡って継続的に調査してきた。

　調査対象の学級は５学年で、１年間継続して５回（５月、７月、10月、12月、翌年２月）調査した。学級の子どもたちの学級生活満足感得点の平均値を、その学級の学級生活の満足感得点と考え、分析した結果、次の点が明らかになった。

○調査した学級の70％強で、子どもの学級生活の満足感は１学期が高く、そこから下がっていって３学期がいちばん低くなっており、このまま同じ教師、同じクラスのメンバーで学級生活をもう１年間継続した場合、学級崩壊にいたる可能性が高くなると考えられる。

　つまり、７割の学級で、毎年学級編成がえをしないと、クラスの学級経営がもたない現状がある、ということがわかったのである。これが、都市部を中心に、毎年学級編成がえを実施する小学校が急速に増えてきた大きな理由の一つだと思う。

　毎年学級編成がえを行って学級崩壊にならないようにするのは、消極的な対処法であって、学級での生活や活動を通して、子どもたちの心理社会的な発達を促進する、という考えにはほど遠い。しかし、そうせざるをえない現状が、現在の学校現場にはあるのである。

　そして、子どもたちはこのレベルの対人関係の体験学習をして、中学校、高校に進学し

てくるわけである。小，中，高校の各学校種で，教師は学級経営のあり方を，根本的に問い直す時期が来ていると，切に思う。

## 2．現代の子どもたちの押さえておきたい対人関係のとり方の特徴

現代の子どもたちの多くは，特別深刻な問題をもつわけではないが，
○傷つきたくない
○対人関係をとることに若干の不安がある
○人の評価が気になる
○大きな集団や組織に帰属意識がもちにくい，関係ないと思えてしまう
○気ままな時間が少なく，拘束される集団にいることは好きではない
という傾向がある。

このような子どもたちは，30人〜40人という人数が所属する学級という枠に集められたとき，対人関係の維持や形成の仕方に，似たような行動や態度をとる傾向がある。
○3〜4人までの閉じたグループを形成し，一体化していく

このグループは真に仲のよい仲間同士というよりも，大きな集団の中で自らの不安を低下させるための防波堤となる面を強くもっている。現代の子どもたちは，大きな集団のなかで孤立することが，とても不安なのである。

3〜4人以下の人数は，グループ自体に明確な目的（勉強を切磋琢磨する仲間など）がなくても，グループを仕切る強いリーダーがいなくても，なんとなく一緒にいられる人数である。したがって，グループ化するきっかけは，些細なことが多く，孤立する不安を解消し，他のだれかに攻撃されないように固まっている状態である。そのため，外に対して攻撃されないように，自分たちだけで閉じたグループになってしまうのである。

一人でいることに対する不安が強いほど，グループに同調性が高まるので，一緒にいるためにグループ内の他のメンバーにはとても気をつかう。グループ内の話題は表面的な明るい話題が多く，重い話はしない。本音の感情は隠し，相手に合わせた応答をする。

こういうグループの付き合いが2〜3カ月続き，お互いに安心感がでてきて，グループとして我々意識が芽生えてくると，学級集団のなかで次のような行動を取りがちになる。
○似たようなファッションをし，同じ持ち物を持つことで，一体感を意識しようとする
○共通の秘密をもつことで，自分たちは親密な仲間なのだという意識をもとうとする
○共通の敵をもつことで，自分たちは運命共同体なのだという結束を高めようとする

つまり，従来の親友というような，深い交友関係でグループ内の対人関係を深めていこうという流れではなく，表面的な関係の中で，一体感を強く感じることで自らの不安を低下させようという傾向である。こうなると，学級集団は全体にまとまる方向ではなく，バラバラに退行していくのである。また，このようなグループでの対人関係は，一人一人の心理社会的な発達を促進する方向には，強く作用することにはならないのである。

■一人の世界に閉じこもる

新学年初めの4～5月に，前述のグループに参加できなかった子どもたちは，その後，友達づくりに躍起になる行動は少なくなる。一人でいるということが周りから惨めな存在と見えないように，次のようないろいろなポーズ（行動や態度）をとる傾向がある。

○友人関係，学級活動に関心がないことを強調しよう（白けているなど）とする
○一人の活動（本を読むなど）に熱中しているポーズをとる
○学級内のすべての人から物理的に距離をとろうとする

つまり，友人関係形成を早々にあきらめてしまい，高まった不安の中で，自分は惨めではないんだ，というポーズをとる傾向がある。その結果，学級内での交友関係は形成されず，集団への所属意識は軽薄になり，協調的な行動もとれず，学級集団の退行に寄与する結果になるわけである。むしろ，学級集団がバラバラであるほど，当人は相対的に楽に感じるかもしれない。もちろん，このような学級生活を送っていても，当人の心理社会的な発達を促進することにはならない。

＊　＊　＊　＊　＊　＊　＊　＊　＊　＊

このような傾向を放置しておくと，せっかくの学級集団での生活や活動において，子どもたちの対人関係は，より広く，より深く，という方向に発展していかない。新学級になって，子どもたち同士の交友関係の形成を，自然の成り行きにだけ任せていると，前述のような傾向が出現し，学級は集団として形成されないまま，白けた状態で拡散するか，小グループ同士のトラブルが続出しながらバラバラになっていく，というパターンをたどることが多くなってしまうのである。

学級を子どもたちの心理社会的な発達を促進するような，教育力のある集団に育成するためには，現代の子どもたちの実態にあった方法論が必要になってきたのである。

第 2 章　学級経営の基礎知識

第 2 節　学級経営に関する教育現場の現状

### コラム：教師と子どもの関係づくり学級集団づくりの第一歩

**●まず教師の人間的魅力を伝える**

　まず、4〜5月に子どもたちに教師の人間的魅力を伝えられることがポイントだ。

　教師の人間的魅力とは、教師に対する親近感や、先生は自分を受け入れてくれるという被受容感である。一緒にいると楽しく感じるという教師の明朗性にひかれる場合もある。あの先生はすごくバレーがうまい、日本の地理をよく知っているなど、教師に対するある種の憧れなどの準拠性にひかれる場合もある。

　教師の人間的魅力は子どもとのパーソナルな関係で伝わる。自己開示を全体のなかで行うことは重要であるが、同時に一人一人の子どもとの個人的なかかわりのなかでも行うことが不可欠である。廊下で出会ったとき、休み時間の教室で、ほんの数分でいいのである。

　名前を呼んであいさつするのが第一歩だ。そこから教師役割を少し離れて、会話ができるといい。好きな歌の話、スポーツの話、子どもの話にゆっくり耳を傾けるのもいい。お互いのいろいろな面が、ほんの少しわかり合えることが大事なのである。

**●一人の人間として、子どものモデルになれるか**

　子どもは教師に安心感をもつと、甘えてきたり、自分だけの特別な対応を望むようになる。自我の未熟な子どもは、そういう形で人間関係を確認するものである。

　この段階で、子どもと同じレベルで対応しているだけだと、ふれあいがなれあいになってくる。子ども個人との二者関係と、学級全体での関係にギャップができ、葛藤するのだ。

　このとき教師の専門性に基づく教え方のうまさ、熱意などの熟練性をもとにした教師役割の魅力を伝えられると、子どもは教師を「教師として」信頼するようになる。

　子どもたちが感じる教師役割の魅力は、むずかしい内容をわかりやすく、興味がもてるように、楽しく教えてくれる対応である。その学習になぜ取り組むのかという意味を、教師なりに語れるとより素晴らしい。どんなに教育技術の高い教師でも、この側面がないと、現代の子どもたちはその教師の教え方がうまいとは感じないのである。

　教師の人間的魅力と教師役割の魅力を十分感じることができた子どもは、教師を人間としてのモデルととらえるようになる。その結果、教師の指導や指示に、自ら耳を傾けようとする。また、教師と子どもとの二者関係が背景にあると、子どもたちは精神的にも安定し、子ども同士の関係づくりも促進される。ここまでいたると、教師は、子ども同士の人間関係づくりを積極的に展開していけるのである。

〔河村茂雄〕

# 第2章

学級経営の基礎知識

● 第3節 ●
# 教育力のある学級集団を育成するには

## 1. 学級経営は学級という集団づくりから始まる

　学級は，教師という成人をリーダーとし，同年齢の子どもたちによって組織された，最低1年間固定された閉鎖集団である。そして，学級は知識や技能の獲得をめざす教科学習の場であるだけではなく，学級生活を通して行われる人格形成の場でもある。つまり，学校教育の目的が，具体的に展開される場が，まさに学級なのである。

　したがって学級経営とは，教師が学級集団のもつ学習集団と生活集団という2つの側面を統合し，子どもたちが，学校教育のカリキュラムを通して獲得される教育課題と，集団生活から獲得される人間としての発達課題を，統合的に達成できるように計画・運営することである。そして，その学習場面として，対人交流，集団体験をともなった授業や学級活動，行事などが設定されているわけである。

　ところで，学級集団と一概に呼ばれることが多いが，学級は，最初から学級集団になっているわけではない。集団とは単なる人々の集まりではない。最低限，集まった人々の中に「共有する行動様式」，いわゆる対人関係や集団として動く際のマナーやルールを共有する人々の集まり，これが集団なのである。今日の学級経営のむずかしさは，学級に集まった子どもたちが，この最低限の，共有する行動様式を身につけていないことである。その結果，教師が子どもたちを，まとめて動かすことがむずかしいのである。

　教師も，学級編成と同時に学級集団は存在し，その集団に子どもたちをどのように適応させるのか，という発想から脱却しなければならない。これからは，子どもたちを学級という枠の中で，他者とどのようにかかわらせるのがよいのか，学級の一員としてどのように集団形成・生活にかかわるのかなど，教師は，そのための意欲とスキルを教育しなければならないし，まず，その集団づくりから始めなければならなくなった，といえるだろう。

## 2. 教育力のある学級集団を支える条件とポイント

　学級が教育力のある集団になるためには，次の2つの要素が，学級内に同時に確立して

## 第3節　教育力のある学級集団を育成するには

いることが必要条件になる。

**Ⅰ　ルールの確立**
**Ⅱ　リレーションの確立**

　まず，学級内のルールである。対人関係に関するルール，集団活動・生活をする際のルールが全員に理解され，学級内に定着していることが必要である。ルールが定着していることで，学級内の対人関係のトラブルが減少し，子どもたちは傷つけられないという安心感の中で，友人との交流も促進されるのである。

　もう一つは，リレーションの確立である。リレーションとは互いに構えのない，ふれあいのある本音の感情交流がある状態である。学級内の対人関係の中にリレーションがあることで，子ども同士の間に仲間意識が生まれ，集団活動（授業，行事，特別活動）などが協力的に，活発になされるのである。

　次に，学級を教育力のある集団に育成していくポイントが，次の点である。
○学級に所属する子どもたち一人一人の，学級生活の満足感・充実感を向上させること

　そうすれば結果として，子どもたちは学級集団に対する帰属意識が強まり，みんなと一緒にいたいという親和欲求をバネに，一人一人の結びつきが強まり，対人交流が活発になる。そして，学級集団は内部から，子どもたち相互の人間関係の輪が広がり，徐々に大きくまとまっていくのである。

　外側から強制の枠をはめて，子どもたちを教師がなんとかまとめようとしても，表面上はきちんとその指示に従わせることができても，子どもたちの心はバラバラである。このような状態では，最低１年は続く学級集団を，一つの教育力のある集団として動かしていくことはむずかしい。

　では，子どもたちの学級生活の満足感・充実感を向上させるためには，最低限どのような手だてが必要なのだろうか。重要な視点として次の2点をあげたい。
①学級生活において人から傷つけられないこと，ストレスが低いこと
②学級内で子どもたち一人一人の所属欲求，承認欲求を満たすこと

　集団生活において，心身の安全を確立したいという人間のもつ基本欲求を，まず満たすことが第一歩である。そのうえで，その学級に積極的に所属したいという欲求を満たすことが必要である。教師や他の子どもたちから認められたり，学級生活が楽しかったり，満足している，充実している，という気持ちにいたらせることである。

　では，子どもたちの学級生活での楽しみは何か。それは多くの調査でも指摘されている

ことだが，常に友人とのかかわりが上位にくる。しかし，子どもたちが学校に行きたくない最も多い理由も，圧倒的に友人関係である。つまり，友人関係は学校生活における諸刃の剣であり，子どもたちの学校生活，学級生活での満足感を大きく左右するのである。以下，満足したいものとして友人関係に続くものは，学級集団での活動，学習活動，教師との関係などがあげられる。

　そこで前述の①②の達成を目指して，教師は学級環境を整え，集団活動や授業などの展開を工夫していくのである。その指針として，前述のⅠ，Ⅱが，やはり条件となるのである。

①に対しては，〇対人関係や集団生活のマナーやルールを子どもたちに共有させる。
②に対しては，〇学級生活の中に，子ども一人一人が認められる場面，方法を設定する。
　　　　　　　〇学級集団の状態に応じて，集団活動の内容，展開の仕方をアレンジする。

　最後に，①②の視点は，これから教師が学級経営をしていくうえで，常に検討が求められる視点である。教師が子ども個々，学級集団全体をとらえる座標軸と考えてもよいだろう。

　Q－Uも，この２つの視点で子ども個々と，学級集団全体をとらえているのである。

第2章

学級経営の基礎知識

● 第4節 ●
# 教師のリーダーシップ

## 1. どの学級でも通用する唯一のやり方はない

　教育力のある学級集団を育成するために，教師は集団のリーダーとして，次のようなリーダーシップを発揮することが求められる。
○集団の目標を具体的に設定し，明確化すること
○集団の目標を達成するための具体的な方法を示すこと
○集団の目標の達成に向けて成員を動機づけること
○成員間相互の好ましい人間関係を形成し，集団としてまとめること
○集団内外の資源を有効に活用すること

　問題は，このリーダーシップの発揮を，現代の子どもたちに対してどのように展開すれば効果的か，ということである。結論から言えば，教師のリーダーシップ発揮の有効性は，子どもたちの特性や学級集団の状況と，教師が発揮するリーダーシップ・スタイルとのマッチング，相性のよさ，である。あらゆる状況で最適な唯一のリーダーシップ・スタイルはなく，子どもたちの特性や学級集団の状況や要因に応じて，適切なリーダーシップ・スタイルは異なるのである。

　したがって，教師は子どもたちの特性や学級集団の状態をしっかり把握し，そのうえで適切なスタイルで，リーダーシップを発揮することが求められる。

　具体的には，次の流れである。
①学級の子どもたちの特性，学級集団の状態をアセスメントする
②①の結果にそったリーダーシップ・スタイルを採用し，発揮する
③成果を適宜評価し，微修正をしながら柔軟にリーダーシップを発揮する

　本書では，①③の部分を，Q-Uを活用して実施するのである。

## 2. 代表的なリーダーシップ・スタイル

　三隅（1984）はPM理論で，リーダーシップ機能には2つの次元があることを提唱した。

```
集団目標達成機能(Performance)
  ↑
P型   | PM型
------+------→ 集団維持機能(Maintenance)
pm型  | M型
```

図1　4つのリーダーシップスタイル

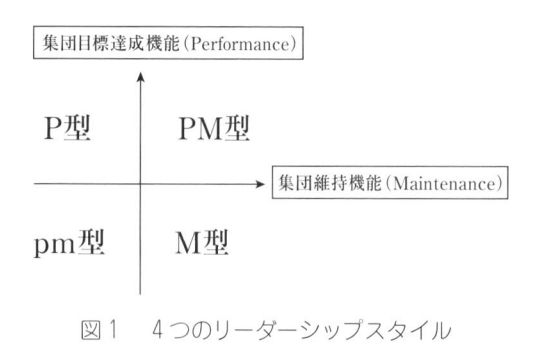

一つは，目標達成ないし課題遂行機能であるP（performance）機能である。教師のリーダーシップとしては，学習指導や生徒指導，つまり「指導」に関する機能である。

もう一つは，集団維持機能であるM（maintenance）機能である。教師のリーダーシップとしては，学級内の好ましい人間関係を育成し，児童生徒の情緒の安定を促したり，学級集団自体を親和的にまとめたりする機能，つまり「援助」に関する機能である。

さらに，この2つの機能の強弱を組み合わせ，4つのリーダーシップ・スタイルを提唱した（図1）。P機能とM機能をともに強く発揮するPM型，P機能の発揮が弱くM機能を強く発揮するM型，P機能を強く発揮しM機能の発揮が弱いP型，P機能とM機能の発揮がともに弱いpm型である。教師のイメージで例えると，PM型は細やかな気遣いの中に強い指導性をあわせもつ教師，M型は強い指導はしない温和で気遣いの細やかな教師，P型は一貫して厳しく指導する教師，pm型は放任型教師というところだろうか。

数々の実証研究の結果，業種の違いにかかわらず，業績に関するリーダーシップ効果は，第1位がPM型，第2位がM型，第3位がP型で，最低はpm型である。

ただ，現代の学級経営におけるポイントは，子どもたちの特性や学級集団の状態に合わせて，教師はP機能とM機能を柔軟に，適切なバランスで発揮することが求められる。学級集団の状態に合った，指導と援助のバランスの見極めが大事なのである。特に現代の子どもたちには，十分なM機能の発揮が不可欠である。そのうえで，子どもの抵抗を生まないP機能の発揮が求められるのである。教育にカウンセリングを活かすときのむずかしさは，実は，P機能の発揮に際してなのである。P機能の発揮にカウンセリングを活用する，これが育てるカウンセリング，教育カウンセリングの主張の中心といえるだろう。

## 3．学校の置かれている環境条件に合わせる

どのような学級経営をすると，学級が崩壊していく可能性が高いのだろうか。もちろん，なげやりな放任型は論外である。また，極端に困難な要因（反社会的な職業についている保護者が学級に介入している―など）の事例も，一般化にはなじまない。このようなケースは，担任教師個人だけの問題ではなく，学校組織としての問題だからである。

第 2 章　学級経営の基礎知識
## 第 4 節　教師のリーダーシップ

　私が全国の学校現場を回って実感したのは，その学校がある地域によって，学校の置かれている環境に大きな差があるということである。第 1 節で説明したように，現在，教師が子どもたちを集団として動かすことがむずかしいのは，学級に集まった子どもたちが，対人関係や集団として動く際のマナーやルールという最低限の共有する行動様式を身につけていない，という現状があるわけである。この実態に地域差があるのである。

　私はこれを，**学級集団に同一化を促す対外的な影響力**ととらえている。

　「学級集団に同一化を促す対外的な影響力」とは，子どもたちの学校・学級への所属意識のなかの同一化傾向（学校のきまりを守らなくてはならない，先生の言うことは聞かなくてはならない，みんなと同じように行動しなければならない―など）に，影響を与える環境的要因である。

　まず最も大きな要因として，地域性があげられる。地域性とは，何県というマクロ的なものではなく，その学校が存在している地域，子どもたちが住んでいる地域である。同じ県でも県庁所在地の都市部と，そこから50キロも離れた郡部では，まったく違うのである。

　その地域の人口密度と，人口移動の大きさがとても大きな影響を与えている。当然，郡部の地域の方が都市化・共同体崩壊の度合いが低く，人口移動も少なく，昔ながらの生活習慣や行動様式が残っている。学校や教師という存在も，それなりの存在として位置づいている。したがって，郡部の子どもたちには，学級集団への同一化を促す対外的な影響力が強いわけである。

　次に，その学校・学級に所属することへの対外的な評価である。例えば，
・その地域の名門校に所属した場合――誰でも入れる学校に所属した場合
・伝統的活動や校風が強く残っている学校――伝統も特徴もない新設の学校

　これらの場合は，もちろん前者が，子どもに対して学級集団への同一化を促す対外的な影響力が，強くなるわけである。

　目安として，次の 3 つの学校タイプが想定される。
①子どもへの学級集団への同一化を促す対外的な影響力が，とても強い学校
・ほぼ旧来の共同体意識が地域に根強く残っている地域（郡部などに多い）
・名門校として地域で高い評価を得ている学校
・伝統の活動や校風が今も受け継がれている学校

　これらの学校では，従来のような教師主導の指導優位の学級経営が行われていることが多く，そのようなやり方でも，学級崩壊は比較的少ない。不登校も，型にはまった行動や

態度をとることに適応することが苦手な非社会的な，神経症的なタイプが主流になっていることが多い。非社会的な子どもたちの三次的対応が，教育相談・生徒指導の中心になっている場合が多い。

②子どもへの学級集団への同一化を促す対外的な影響力が，平均的な学校

・都市化・共同体崩壊が地域の半分近くに及んでいるが，旧来の共同体も残って混在している地域（都市部周辺の開発中の住宅地などに多い）
・名門校・伝統校ではないが，極めて低い評価もない，いわゆる普通の学校

学校全体が従来のような教師主導のP型の学級経営が行われていることが多く，その反動でM型の学級経営方法が，最初に学級崩壊にいたる可能性が高くなる（pm型が最も崩れやすいのは言うまでもない）。徐々にP型の学級経営方法をとる教師の学級が崩れてくると，教師たちはどのような学級経営方法をとっていいかがわからず，学校全体が混沌としてしまう（現状は，より強いP型の学級経営方法をとる学校がとても多い）。

非社会的，反社会的な子どもたちの不登校などの三次的対応が，教育相談・生徒指導の問題として多く発生してくる。不登校も遊び型，非行型なども含めた，明るい不登校の存在が認められるようになってくる。予備軍ともいえる二次的対応が必要な子どもたちに，どのように対応できるかが課題である。

③子どもへの学級集団への同一化を促す対外的な影響力が，とても少ない学校

・都市化・共同体崩壊が地域全体に及んでいる地域（首都圏の人口密集地域などに多い）
・地域でも低い評価が定着している学校
・学校自体の方針や，教師間の教育実践の目的に対する共通認識が極めて低い学校

pm型，P型，M型の学級経営方法ともに，学級崩壊にいたる可能性が高くなる。一次的対応のあり方そのものが問われているのが現状で，全教師が共通理解しあった方針で組織的に対応している学校と，そうでない学校との，問題発生数の落差が大きくなっている。

　　　　　＊　＊　＊　＊　＊　＊　＊　＊　＊　＊

子どもへの学級集団への同一化を促す対外的な影響力の強さを，私は3段階で指摘したが，現在の日本は，①のタイプが取り残され，②のタイプが急速に③のタイプに近づいているのが現状ではないだろうか。

①のタイプは，従来のやり方が表面上は通用しているので，なんら問題はないように思われるが，ほぼ旧来の共同体意識が地域に根強く残っている地域（郡部などに多い）も，そこに住む子どもたちの心は，都市部の子どもたちと大きな差はないと考えられる。子ど

## 第4節 教師のリーダーシップ

もたちが受ける情報は，地域の人々の口コミよりも，マスコミからのものが中心になっているからである。昔ながらの隣近所付き合い，地域の活動は，実は子どもたちの親から上の世代（昭和30年代以前に生まれた人々）が主となって運営している，という実態があるからである。

①のような地域で，青少年が家族や隣近所の人を殺傷したという事件（17歳の事件）が数年前に頻発したが，そこには親の世代以上の人々の人間関係と，子ども世代の人間関係の実態との乖離が見られるのである。親の世代の人間関係・行動様式の中での生活と，まさに現代の子どもの心との葛藤の悲劇が，事件の背景にあると思う。

したがって，近いうちにすべての地域で，③への対応をもとにした学級経営方法が必要となることだろう。しかし，①の地域では③への対応をもとにした学級経営方法が受け入れられるには，しばらく時間がかかるだろう。多くの教師たちも，特に学級経営方法を変えなければという意識自体が低いからだ。ただ，いろいろな場面で，従来と比べて子どもたちの主体性が低下した，学級活動が沈滞している，という懸念はあっても，責任を問われるような大きな問題も少なく，とりあえずの現状維持の状況だ，という認識だと思う。

そこで，学校が置かれている環境条件に合わせると，学級経営の方向は次のようになる。

[②③のような環境にある学校]

「個人的な関係を学級全体に広げていく学級経営」方法が，骨子になる。

現代の子どもたちが，抵抗が少ない中で，徐々に多くの人数の仲間たちとかかわれるように，徐々に内面的なふれあいがもてるように，体験を段階的に設定し，その輪を最終的に学級集団全体に広げていくやり方である。そのような集団・コミュニティの中で，子どもたち一人一人がそれぞれの役割をもちながら，他のメンバーと感情交流しあう中で，心理社会的な発達を促進させるような学級経営である。

[①のような環境にある学校]

「形の同一化からリレーション形成をめざす学級経営」方法が，骨子になる。

前述の現代の子どもたちが環境的な影響から，共同体意識の強かった時代のイメージの学校生活を送れている状態である。ただ，学校で期待される行動と内面とのギャップに悩む子どもたちが，不適応になる可能性が高くなる。近年，各県の郡部で不登校が増加しているという現状は，この辺の事情を物語っているのである。そこで，形として学級全体で最初から行動できるという状態をうまく活用して，子どもたちが真に親和的な対人関係を体験できるように，前述の学級経営方法の手順，同じ要領で展開していくのである。

# 第2章

学級経営の基礎知識

## ● 第5節 ●
# 学級集団育成の具体的な方法

　子どもへの学級集団への同一化を促す対外的な影響力の強さを，私は3段階で指摘したが，それに伴って，学級集団育成の方法も「個人的な関係を学級全体に広げていく学級経営」と「形の同一化からリレーション形成をめざす学級経営」の大きな2つのストラテジーがある。

　両者の大きな違いは，学級開き当初から，学級という集団体制を一応なしているか否か，最低限のみんなで動くときのルール・人とかかわるときのルールが共有されているか否か，である。ともに前者の場合には，「形の同一化からリレーション形成をめざす学級経営」を，そして，後者の面が強く見られる場合には，「個人的な関係を学級全体に広げていく学級経営」をとることが，一応の目安になる。

## 1．個人的な関係を学級全体に広げていく学級経営

　子ども同士の対人関係を，混沌・緊張→2人組→4人組→小集団→中集団→学級全体集団へと，系統的に拡大させていくことが骨子になる。毎日の学級生活や授業，学校の行事などを，系統的にうまく取り入れることが求められる。従来の教師が想定した集団に，子どもたちを適応・同一化させていくという学級経営とは，異なった取組みである。

　集団は，「成熟」「退行」という2つの相反する力のバランスで形成されていく。
「成熟」　凝集――統合――変化――組織化――リーダーシップの分散
「退行」　解体――分裂――安定化――混沌化――リーダーシップの拡散・固定

　学級集団に働く相反する力を，教師のリーダーシップによって「成熟」の方向に導いていくのである。各段階で，いくつかのポイントがある。以下にその留意点を解説する。

①混沌・緊張―2人組の段階

　新たに学級が編成されて間もないころのように，子ども同士に交流が少なく，一人一人がバラバラの状態で，集団への所属意識も低く，みんなでという発想がみられない状態である。とりあえず集められただけという，集団がまだ成立できていない状態である。子どもたちは他の子どもたちとどうかかわればよいのか戸惑っており，集団で活動するための

## 第5節　学級集団育成の具体的な方法

共有するルールもない状態である。

対応のポイントは，次の二点である。

○子どもたちが集団不適応にならない配慮
○集団を形成するためのシステムづくり

この場合のシステムとは，子ども同士でかかわる，何人かで活動する，そのやり方を共有させることである。学級集団を育成する前の，個人レベルでの関係づくりが必要な段階なのである。教師の対応の大きな指針は「教示的」である。つまり，一つ一つやり方を教えていくこと，手本を示して，やり方を理解させることが目標になる。教師はこれらの対応を，個人的レベルで十分にする必要がある。強いM機能の発揮と，適切なP機能を意識して発揮していくことが求められる。

同時に，特定の子どもが孤立しないように，交友関係形成のきっかけづくりの取組みを，意識して実施するのも必要である。レクリエーション的な要素のあるものがいいだろう。

② 4人組－小集団

集団の中にいくつかの小グループがあり，グループ内だけで固まって，独自の行動をしている状態である。3，4人の小グループが乱立し，また，それらに入れない子どもたちが孤立傾向にあるなど，集団の成立が不十分な状態である。小グループの利益が全体に優先し，互いのエゴがぶつかって，グループ間の対立も少なくない。学級集団として，「動くルールやシステムを定着させ，まとまる方向づけをする」段階なのである。

教師の対応の大きな指針は「説得的」である。なぜそのようなルールが必要なのか，どうしてこのように行動しなければならないのかを，詳しく説明し，納得できるように理解させることが必要な段階である。そのうえで，さあやってみようと，子どもたちが抵抗なく取り組めるように指示を出していくのである。教師はこのような対応を，個人的レベルで十分にする必要がある。それと並行して，集団全体の前でも同様にする必要がある。全体の前での教師のP機能の発揮を，子どもたちに抵抗を与えないように，しかし，積極的に発揮することが求められる。

大事な内容，自分の意見の表明は，特定のグループの子どもたちだけに話すのではなく，全体の場で表明する配慮が求められる。それが，学級集団の安定につながる。特定のグループの子どもたちだけにすると，他のグループとの対立の中で，「先生はこう言った」という具合に，曲解されて伝えられてしまう場合があるからである。それに尾ひれがついたりすると，誤解の中で教師への信頼感も低下し，学級集団も不安定になってくる。

③小集団－中集団

　集団の中で，いくつかの小グループが連携できる状態にあり，そのグループが中心となって，全体の半数の子どもが一緒に行動できるような状態である。学級集団全体としての動きが，教師の配慮があれば，子どもたちでなんとかできる状態である。

　「集団として活動した経験を積み重ねる」段階なのである。その中で，学級集団で活動するためのコツを，子どもたちに体験学習させるのである。子どもたちはこの体験を通して，自分たちなりにできるという自信も一緒に身につけ，これから学級活動に主体的に参加しようという意欲を育てていくわけである。

　教師の対応の大きな指針は「参加的」である。「ああしなさい，こうしなさい」と教師が上から指示を出すのではない。子どもたちの中に生じた自分たちでやってみようという機運を大事にするために，そういう雰囲気に教師も学級集団の一人のメンバーとして参加する形で入り，リーダーシップをとっている子どもたちをさりげなくサポートし，集団のまとまり，活動の推進を陰で支えていくわけである。教師は一歩引いた形で活動に参加しながら，しっかり集団や活動を支え，子どもたちに自分たちでできたという，花をもたせるようにしていくわけである。

　教師は集団のまとまりを陰で支えながら，活動が建設的に前進するように，集団の動きが活性化するような対応を十分にする必要がある。自己中心的なボスグループが出現して，学級集団をかき回す危険もあるからである。それとともに，個人レベルで三次的対応を，**必要な子ども**にしっかり行うことも大事である。

　注意しなければならいポイントは，子どもたちが自主的に取り組んで失敗した場合は，叱責しないでその意欲をほめた後，今後どういう風に取り組めばよいかの対策を検討させるようにすることである。ただし，気の緩みや手抜きが原因で失敗した場合は，毅然としてその行動のまずさを指摘し，子どもたちに反省を促すことが求められる。

④中集団－学級全体集団

　小グループが外に開かれていて，取り組む課題があるとその内容によってグループ編成ができ，学級全体の課題をグループごとに分けて役割を分担することができ，自分たちの取組みが全体とどうつながっているか理解しながら，目の前のことに取り組めるようになっている状態である。子どもたちは学級集団の一員としての自覚があり，子どもたちで工夫して，一緒に行動できるような状態なのである。

　学級集団の機能が成立し，そのもとで子どもたちが自主的に動けるようになってきてい

第 2 章　学級経営の基礎知識
第 5 節　学級集団育成の具体的な方法

るが，注意をしないと，集団全体がだんだんとなあなあ的になってしまったり，安易な方向に流れてしまったり，暗黙の変なルールに子どもたちがしばられ，集団としての活動が低下する場合もある。「子どもたちの自主的な活動を見守る」段階なのである。

教師の対応の大きな指針は「委任的」である。子どもたちが自分たちでできる内容は，思いきって子どもたちに任せて，教師は全体的，長期的な視点でサポートすることが求められるのである。子どもたちだけでは対応できない問題に対して，解決策をアドバイスするようにかかわるわけである。

この段階で教師があまり口を出しすぎると，子どもたちの主体性が育成されないばかりか，うるさがられてしまう。教師が口を出して100できるよりも，子どもたちだけで取り組んで70できる方がよりいいのだと考え，教師はもう一歩引いて，子どもたちの自主的な活動を見守ることが求められる。

教師は学級集団の前面に出て指図するリーダーというよりも，子どもたちが自主的に活動できるような学級のシステムを，子どもたちが考えられるように大きな方向を示唆してあげ，具体的な部分は子どもたちに考えさせるように導くのである。まとまりの高い学級集団では，教師はその存在自体がリーダーシップの具現化なので，小手先の技術だけでは通用しない部分がある。ある意味，最もむずかしいのかもしれない。

## 2．形の同一化からリレーション形成をめざす学級経営

前項の「個人的な関係を学級全体に広げていく学級経営」の，混沌・緊張→2人組→4人組→小集団→中集団→学級全体集団へ，という段階から考えると，③小集団－中集団の段階から学級経営が開始できるような状態である。

しかし，子ども同士の人間関係の積み上げがしっかりとできていることは少なく，そういうものだという意識で動いている面が強いので，①，②の段階の取組みを，適宜取り入れていくことが求められる。

事前に共有されているルールがある程度確立しているので，構成的グループエンカウンターなどのエクササイズを取り入れやすい学級状態である。そこで，子ども同士の人間関係の状態をアセスメントしながら，無理のないレベルから，子ども同士のリレーションの形成を目指した取組みを，系統的に実施していくことが求められるのである。

やはり，前項の①段階レベルのものから，徐々に積み上げていくことが無難であろう。ただ，この学級では①，②の段階の展開が，比較的スムーズにテンポよく行うことができ

るわけである。しっかり時間を確保して，確実に実施するようにしたい。

○集団は，建設的にも，非建設的にも変化し，形づくられていく。集団は時間とともに，常にいい方向に成長していくわけでもない。途中から集団の状態が後戻りしたり，非建設的な形で発展していくこともある。

　教師の学級集団へのかかわりは，子どもたちが建設的な集団を形成できるように対応することである。「一貫して同じことをしていればよい」ということではないのである。ある学級集団でとてもうまくいった対応方法が，別の学級集団で，同じようにうまくいくとはかぎらない。学級経営のポイントは，学級集団の状態と，教師の対応方法のマッチングの如何にかかっている。学級集団の状態に応じて，教師は，柔軟に対応方法をアレンジしていくことが求められるのである。

### 最後に

　Q－Uの結果を見たとき，そこから何をどれだけ読み取れるのかは，教師個人の力量ではないだろうか。自分は何が見えていて，何が見えていないのかを，明確につかむことができる教師が，結局，力量を高めることにつながるのである。そのことが理解できれば，自分が次にどのような対応をすればよいのかがわかるからである。

　教師が見えないもの，その第一が，学級経営において自分のリーダーシップ行動は子どもたちにどのように受け取られているのか，教師という自分の存在は，その学級集団に，子どもたちにどのような影響を与えているのか，という点である。

　教師も一人の普通の人間なのである。そのことのアセスメントを冷静に行うことができる人は，少ないと思う。やはり，一つの事実を突きつけられると，怖いのである。

　リーダーシップが議論されるとき，集団をどうマネージメントするのか，メンバーにどのようなリーダーシップを発揮するのか，という点は議論されることが多い。しかし，忘れてはならないのは，集団のマネージメントの前提は，リーダーが自分自身のマネージメントをできるかどうかなのである。つまり，セルフマネージメントができるかどうか，自分の学級経営，指導行動について，自己点検を真摯にできるかどうか，にかかっているのである。それは最終的に，自分と向き合う勇気があるかどうか，なのだと思う。

　その勇気を，一人で歯を食いしばって喚起するのもいいだろうが，できれば，お互いを認め合える教師仲間で，互いに励ましあい，痛みを共有しながら，検討し合えると素晴ら

## 第5節 学級集団育成の具体的な方法

しいと思う。教師も一人のただの人間である。見当違いもあるし，こだわりもあるのである。そこを誰かに受け入れてもらえないと，自分でもなかなか認められないものである。

　Q－Uは実施すること以上に，教師たちがQ－Uを活用することに意義があると思う。それは学級経営の考え方，展開の仕方の理解が深まるということだけではなく，検討会を通して，教師同士の連携が深まる，リレーションが形成されるからである。その中で，新たな取組みを実践しようという意欲が喚起されるからである。

　心の教育を，学級経営を通して展開するとは，一人一人の教師のザ・ベストな取組みを強いるものではなく，その教師の個性を生かしたマイ・ベストな取組みを求めるものであると思う。

〔第2章：河村茂雄〕

# 第3章

平穏に見える学級集団にひそむ代表的な崩壊の要因

## ● 第1節 ●
# 望ましい学級集団の状態

　望ましい学級集団の状態とは，Q－Uのプロットでいうと，学級内のすべての子どもたちが学級生活満足群に入っている状態である。子どもたちが学級生活に満足している状態，それが学級集団にいちばん適応している状態であり，学校生活を主体的に送ろうという意欲のみなぎった状態である。友人関係を形成しようとする意欲，学習意欲，学級活動に参加しようとする意欲などが相対的に高いのである。

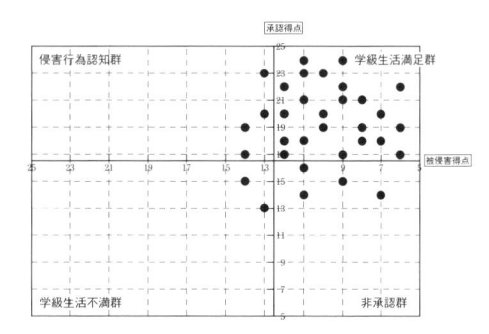

図1　望ましい学校集団の状態

　学級集団は子どもたちの前述のような状況を受けて，集団として成熟しており，学級内に建設的な雰囲気があり，子ども同士には親和的・協調的な関係が生まれている。このような学級集団は，子どもたちにとって居場所となり，情緒も安定してくる。その中で，友人関係を形成しようとする意欲，学習意欲，学級活動に参加しようとする意欲も高まっていくのである。まさに，教育力のある学級集団であり，子どもたちは学級集団での生活を通して，心理社会的な発達も促進されるのである。

　私が現在まで，学校種ごとに1000を越える学級を調査したところ，子どもたちのすべてが学級生活満足群に入っていたいわば，「理想」の学級集団といえる学級は，小学校で4％，中学校で2％の出現率だった。したがって現実的には，学級内の70％の子どもたちが学級生活満足群にプロットされている状態が，望ましい学級集団の状態といえるだろう。学級集団はかなり成熟できているので，子どもたちの凝集性は高まり，グループは統合され，いろいろな取組みに応じて柔軟に変化できるように組織化されている，かつ学級集団全体の活動も，学級内のいろいろな子どもが適切にリーダーシップをとれる状態なのである。教師の適切な支援で，理想の学級集団に近い教育力を有する学級集団の状態を，現出することができるのである。

　この状態にいたるように学級集団を育成することが，教師の学級経営の目標となる。

# 第3章

平穏に見える学級集団にひそむ代表的な崩壊の要因

● 第2節 ●
## 崩壊している学級集団の状態

　学級内の70％以上の子どもたちが学級生活不満足群にプロットされている状態が，まさに崩壊している学級集団の状態といえるだろう。学級生活に不満をもった子どもたちが過半数を大きく越えた状態は，子どもたち相互に不信感が発生しやすく，子どもたちの情緒は不安定になり，学級はストレスフルな状態になっている。

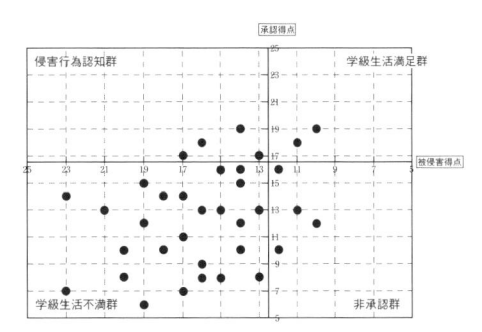

図2　崩壊している学級集団の状態

　学級集団はかなり退行しているので，全体としての集団は解体，分裂し，どのような取組みをしても，子どもたちはインフォーマルな人間関係の利害を優先した固定・安定した行動を繰り返し，学級集団は混沌とした状態にいたるのである。教師のリーダーシップの力は大きく低下し，インフォーマルな力をもった子どもが，学級全体を仕切るような状態も現出しやすくなる。つまり，集団として成立していない状態になっているので，教育環境としては，きわめて不適切な状態になっているわけである。

　その結果，学級集団を単位として教育活動を展開できない状態になるのである。例えば，教師が指示をしても子どもは私語，手遊び，徘徊をして一斉形態の授業や学級活動が成立しない。学級内に2～3人の固定した小グループがいくつもでき，かつ，対立した状態であり，教室全体が騒然とした雰囲気になっている場合が多い。学級も一つの社会的集団である。つまり，集まった人々が一緒に生活していくための最低限のルールが存在しているのである。しかし，学級崩壊している学級は集団として成立しておらず，最低限のルールが消失してしまっている。そのような中では，通常の生活，コミュニケーションの成立もむずかしい。その結果，学級の全構成員（児童生徒）による活動（授業，活動，行事への参加など）も成立しないわけである。

　学級崩壊は突然現出するわけではない。集団としての何ヶ月かの時間経過があったのち，集団が退行した最悪の結果として，学級崩壊は現出するのである。私はＱ－Ｕを用いた数

千の学級集団の調査結果から，学級崩壊にいたるまでの学級集団の状態には，集団として段階的に悪化していく代表的なパターンがあることを見いだした。Q－Uのプロットに，その代表的なパターン，崩壊の段階を見いだすことができるのである。

　したがって，Q－Uのプロットを見れば学級崩壊の可能性を推測することができる。それは同時に，学級集団の崩壊の進行を食い止め，集団の状態が成熟の方向に向かうような対策を考えることもできる，ということである。

　次節で，学級集団がまさに退行し始めている兆候となる，Q－Uの代表的なプロットを紹介し，その状態にいたる概要を解説する。この兆候は，教師は漠然と違和感があるものの，学級集団の崩れのシグナルと受け止めることは少ない。Q－Uのプロットを見てこそ，しかと意識できるのである。

# 第3章

平穏に見える学級集団にひそむ代表的な崩壊の要因

## ● 第3節 ●
## 縦伸びしたプロットが示す兆候

### [プロットの特徴とその意味]

　学級内の子どもたちが，学級生活満足群と非承認群に80％以上プロットされている状態の学級集団である。教師には，学級集団は大きなトラブルも少なく比較的まとまっているのだが，活気がなく，一部の子どもの意欲のなさが目につく状態，と映ることだろう。

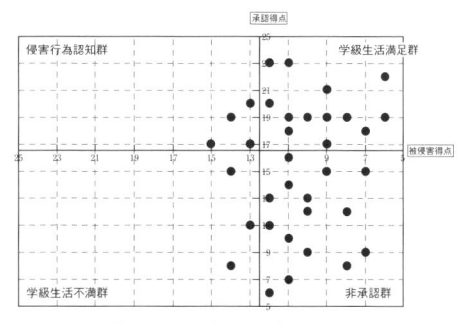

図3　縦伸びしたプロット

　この学級集団は，学級全体の被侵害得点が平均以下に抑えられている点がメリットであるが，学級内の子どもたちの承認得点が階層化していることがデメリットである。つまり，学級内の子どもたちの承認得点が上下にひらいているということは，学級内で認められる子どもたちとそうでない子どもたちがいる，ということである。つまり，学級内で子どもたちが認められる物差しが，少数で限定されていることを物語っているわけである。

　では，認められている子どもとはどういう子どもであろうか。多くが，学習やスポーツが優秀かつ意欲的で，学級活動でもリーダーになれる子どもが中心である。要するに，教師に認められるいい子が多いのである。認められていない子どもとは，その対極にいる子どもたちである。

### [プロット出現の背景]

　このタイプの学級経営は，1980年代前半まで全国に一般的に見られた学級経営方法であろう。第2章で解説した，**子どもへの学級集団への同一化を促す対外的な影響力**が，とても強い学校である。最初に子どもたちのほとんどが認める学校，学級という既成の集団像があり，その学級集団は教師が主導となって形づくった枠，ルールをもとに運営されていく。教師はこの既成の大きな集団像をもとに，さまざまな行事や学級対抗活動などを，みんなで同じように取り組むように求め，所属する子どもたちを同一化させることによって，

学級集団の凝集性を高め，集団としてまとめていくというパターンである。このやり方を踏襲した学級経営方法である。

　この学級経営方法が軋み始めたのが，不登校問題の噴出である。このような学校，学級経営方法に不適応を起こす子どもたちが続出し，一部の子どもたちの問題ではない状況になったのは前述の通りである。この方法を，現代の子どもたちに対しても同じように展開し，抵抗を受け，反発され，教師が主導となって形づくった枠，ルールが無視される中で，学級集団が崩壊していくのがこのパターンであり，私は**反抗型の学級崩壊**と定義している。

　このタイプがさらに退行した結果の学級崩壊が，都市化の進んだ地域で，かつて学校の中心としてがんばっていたベテラン教師の学級で多発したことは注目に値する。つまり，ある程度，都市化の進んだ地域の子どもたちには（保護者や地域の人々の意識も含めて），このタイプ（教師が想定する既成の学級集団に子どもたちを同一化させて学級をまとめていく）の学級経営方法は，通用しなくなったという厳しい現実があるのである。さらに，このタイプは，高校では進学校，特定の領域の伝統校にしか，通用しなくなってきている。

＊このタイプの教師のリーダーシップの特徴
・教師という役割上の権力で，子どもたちを上の位置から指導しようとする
・子どもたちを教師が想定した集団の規律の枠に入れ込もうとする
・子どもを集団でとらえ，その単位で対応しようとする
・教師役割が前面に出た教師像だけで子どもたちと対応する

# 第3章

平穏に見える学級集団にひそむ代表的な崩壊の要因

## ● 第4節 ●
## 横伸びしたプロットが示す兆候

### [プロットの特徴とその意味]

　学級内の子どもたちが，学級生活満足群と侵害行為認知群に80％以上プロットされている状態の学級集団である。教師には，学級集団は騒がしいが，活気があり，自由な雰囲気のある状態，と映ることだろう。

　この学級集団は，学級全体の承認得点が平均以上に高まっている点がメリットであるが，学級内の子どもたちの被侵害得点が階層化していることがデメリットである。つまり，学級内の子どもたちの被侵害得点が左右にひらいているということは，学級内で被侵害感を感じている子どもたちと，そうでない子どもたちがいる，ということである。つまり，学級のルールの定着していない学級内では，自己主張がはっきりできる（そういうグループの一員である）子どもたちは学級生活満足群におり，そうではない子どもたちは侵害行為認知群にいるわけである。

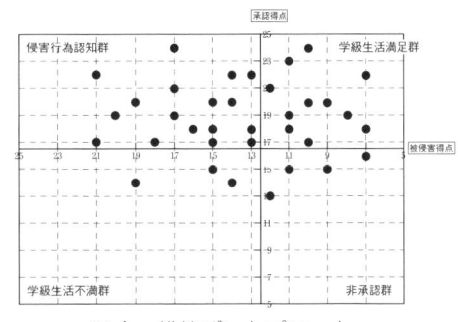

図4　横伸びしたプロット

### [プロット出現の背景]

　このタイプの学級経営は，「反抗型」とは逆に，教師が想定する既成の学級集団に子どもたちを同一化させて学級をまとめていく，というかかわりをあまりしない学級経営方法だろう。ただし，それに代わる集団という組織を成立させ，維持していく対応もとっていない場合が多い。教師は教師役割の権力を前面に出さず，友達のように子どもたちと二者関係を形成していこうという傾向がある。

　このタイプの学級経営は，1980年代前半までなら，子どもたちには「優しい先生の学級」ということで，学級崩壊にいたることは少なかったと思う。学級内には，先生に代わるような前向きなリーダーとなる子どもたちがいて，学級集団を引っ張っていってくれたからである。そのような動きを，教師は優しく背景から支えていければよかったのである。

しかし,「反抗型」と同様にこの学級経営方法を,現代の子どもたちに対しても同じように展開した結果,学級は騒々しさとトラブルの中で崩壊していくのである。リーダーとなって動く子どもが少ないなかで,いつまでも学級内に,人とかかわる際のルール,みんなで活動する際のルールが成立せず,このような状況の教室の中に,現代の子どもたちが30人〜40人いると,教室がとてもストレスフルになってしまうからである。

　このタイプがさらに退行した結果の学級崩壊も,都市化の進んだ地域で,若い教師,子どもたちに集団生活を送るための最低限のルールを系統的に指導しない中堅,ベテラン教師の学級で,急速に増えている。私はこのパターンを**集団不成立型の学級崩壊**と定義している。現在,このパターンが増加していく傾向が,調査から明らかになっている。

＊このタイプの教師のリーダーシップの特徴
・子どもたちと友達のような二者関係をとる傾向がある
・集団生活を送る上でのルールを系統的に指導することが少ない
・教師役割を前面に出した指導が苦手である(あきらかな逸脱行動も,強く指導することができない)

# 第3章

平穏に見える学級集団にひそむ代表的な崩壊の要因

## ● 第5節 ●
## 4群に拡散したプロットが示す兆候

**[プロットの特徴とその意味]**

学級内の子どもたちが，4つの群に散らばってプロットされている状態の学級集団である。教師には，学級集団はいくつかのグループはあるが，全体としてうまくやれている状態，と映ることだろう。このパターンは，学級が集団というよりも，子どもたちがそれぞれの思いで，教室に集められているという状況である。子ども同士のかかわりがきわめて希薄な分，大きなトラブルも生じていないという状態である。

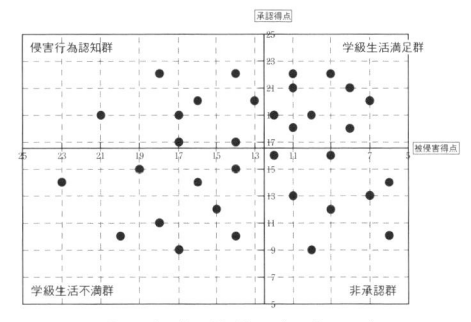

図5　4群に拡散したプロット

**[プロット出現の背景]**

このタイプの学級集団の状態は，次の2つの学級経営方法をとったときに出現する場合が多い。一つは，いわゆる放任型・pm型の学級経営方法をとった場合の，1学期の前半に出現する場合である。集団の中にルールが見えず，子どもたちが相手をけん制しながら，それぞれ自分たちのペースをつくろうとしているのである。この状態は長くは続かず，学級内にトラブルなどが発生した後に，一気に崩れていく場合が多いのである。毎年学級崩壊を繰り返してしまう，という教師の学級で出現することが多いパターンである。

もう一つは，基本的に放任型の学級経営方法をとる前者と同様であるが，ときどき学級全体や子どもたち個々に，とても厳しい叱責をするなど，ある意味その恐怖心で子どもたちを管理しているような学級経営方法をとる教師の学級で，1年を通して出現する。そういう教師のやり方の中で，うまくやっていける子どもと，そうではない子どもが出現し，それがプロットに反映されるわけである。男性の教師の場合が多いが，小学校の低・中学年における女性教師の例も数多く報告されている。「子どもへの学級集団への同一化を促す対外的な影響力が，とても強い学校」では，なんとかやっていけるかもしれないが，都市部では保護者からのクレームが殺到する学級経営方法である。

# 第3章

平穏に見える学級集団にひそむ代表的な崩壊の要因

## ● 第6節 ●
## 学級集団が崩れていくプロセス

　第3節，4節，5節で紹介したプロットの学級状態は，集団としてみた場合，退行の方向に進んでいるのである。したがって，時間の経過とともに，図2の学級崩壊の状態に進んでいく。学級が教育力のある集団になるためには，次の2つの要素が，学級内に同時に確立していることが必要条件になる。**Ⅰ　ルールの確立**，**Ⅱ　リレーションの確立**，である。集団が退行する大きな原因は，この2つの要因の欠如がきっかけになる。

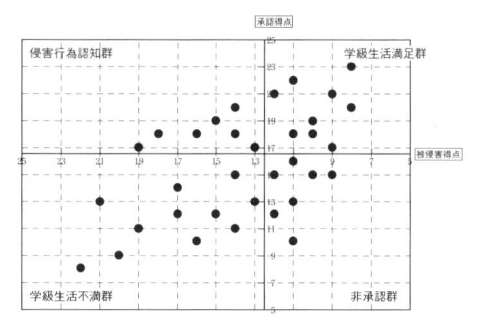

図6　集団が崩れていくプロセス

　縦伸びしたプロットの学級は，学級内の子どもたち同士のリレーションがうまく形成されておらず，承認のされ方にも差が見られるので，**Ⅱ　リレーションの確立**の欠如から退行が始まり，その結果，徐々に**Ⅰ　ルールの確立**も不十分になってしまうのである。

　横伸びしたプロットの学級は，学級内に人とかかわる，みんなで動くときのルールが明確になっていないので，**Ⅰ　ルールの確立**の欠如から退行が始まり，その結果，徐々に**Ⅱ　リレーションの確立**も不十分になってしまうのである。

　縦伸び・横伸びのプロットは，いわば崩壊の初期である。2つの要因のどちらかが確立できていないのである。その状態のまま退行が進行した結果，2つの要因の両方が完全に崩れてしまうと，図2の学級崩壊の状態にいたるのである。そこにいく経過のプロットとして，両方の状態は，一時的に似たような形になる。もう一方の要因も崩れていくときに出現する斜めのプロット（図6）である。この状態は，いわば崩壊の中期である。

　このプロットの状態が出現し，教師が適切な対応ができないと，学級集団は徐々に最悪の状態に進んでいく。学級生活に不満な多くの子どもたちが意欲をなくし，ストレスのなかで周りの子どもを攻撃（冷やかし，陰口，中傷，いじめなど）するからである。同時に，不登校行動を示す子どもが目立つようにもなってくる。人間が精神的に追い詰められたと

第3章　平穏に見える学級集団にひそむ代表的な崩壊の要因
第6節　学級集団が崩れていくプロセス

きにとる行動は，逃避か攻撃だからである。こうなると，教師はトラブルの対処に追われ，学級集団を立て直す余裕がなくなってくるわけである。

4群に拡散したプロットの学級は，**Ⅰ　ルールの確立**，**Ⅱ　リレーションの確立**の両方がもともと不十分なので，きっかけ要因があると，一気に両方の不十分さが露呈し，図2の学級崩壊の状態にいたるのである。

ただし，子どもへの学級集団への同一化を促す対外的な影響力などで，退行のスピードには差がある。第7節で最悪の状態にいたる前に出現する代表的なプロットを解説する。

## ■Q－Uによる定期的なチェックの必要性

初期ならば**Ⅰ　ルールの確立**，**Ⅱ　リレーションの確立**の，どちらかに焦点化した対応で退行を食い止めることができる。しかし，中期では両方をバランスよく，能動的に対応しなければならない。それを，学級内に頻繁に発生するトラブルへの対処と並行して実施しなければならないので，そのむずかしさはひとしおである。

図2の学級崩壊の状態は，教師個人でどう対応するのかというレベルではなく，学校組織あげての危機介入が必要になる。すでに学級に子どもたちを集めること自体が，教育的ではなくなっているからである。

こうみると，学級集団がより退行しないように，教師が一人で無理なく対応できるのは初期までで，中期になるとかなり厳しくなるといえよう。Q－Uによる定期的なチェックをし，早期対応が切に望まれるのである。

〔第1～6節：河村茂雄〕

# 第3章

平穏に見える学級集団にひそむ代表的な崩壊の要因

● 第7節 ●

## リレーションとルールの形成不足のクラスに見られるさまざまなパターン

　学級集団に反抗的な子ども，学校不適応や軽度発達障害の疑いなどの特別な背景をもった子どもがいると，学級集団の育成は配慮を要するようになる。リレーションとルールの形成不足のクラスにおいては，それらの子どもたちへの配慮の方法はさらにむずかしくなる。対応の方法を誤ると，そこから学級集団が崩れていくことにつながる。学級集団のリレーションとルールの形成不足は，ボディ・ブローを受けたときのように，学級集団の問題の予防・解決能力という体力を落とすことになるからである。

　本節では，次に続く，4章，5章，6章，7章のリレーションの形成不足，ルールの形成不足，それら両方の形成不足の集団状態における事例，および特別な要因が絡む事例での典型的なアセスメントと対応の視点について概説する。

### [リレーション形成不足のクラスでの崩れのパターン]

　リレーション形成不足のクラスの場合，非承認群にいる，学級で認められることがない子ども，活躍する場が少ない子どもへの対応がポイントになる。これらの子どもは，教師や周りの仲間にもっと認められたいという欲求と，自分なりに学級で力を発揮することができないという不満を抱えている。そのため，学級をかき回したりする子どもの対応に，教師が時間をとられていると，相対的にかかわりが薄くなったそれらの子どもが，その欲求や不満を表面化させるようになる。教師は，個別の対応を必要とされ，そこにエネルギーをとられる一方，個別対応を行うことによって，別の問題が誘発されるという，むずかしい状況に置かれてしまうのである。

　たとえば，不登校や不登校傾向の子どもがいる場合や，LD，ADHDなどの軽度発達障害の疑いがある子どもがいる場合，担任はその子どもに時間をかけてかかわりをもつことが必要になる。しかし，このようなリレーション形成不足から崩れ始めた学級集団の状況では特別な配慮を要する。教師が多くの時間をかけてその子どもにかかわることに対して，

第3章　平穏に見える学級集団にひそむ代表的な崩壊の要因

第7節　リレーションとルールの形成不足のクラスに見られるさまざまなパターン

慢性的に不満を抱えている子どもたちからの反発を誘発するからである。教師の普段と違う受容的なかかわりに対して、「特別扱いしている」「何であいつばっかり」という不満の声があがり、事情を説明しても「ずるい」の一点張りとなる。このような学級集団の状態の中では、個人の特性を認め合う「みんな違ってみんないい」は成り立たない。自分も認めてもらいたいという気持ちの裏返しの抵抗によって学級全体が騒然として崩れてくるのである。

　このようにリレーション形成不足から崩れた学級では、「いじめ」についても配慮が必要である。特定の対象をターゲットにした深刻ないじめが発生しやすいからである。学級生活の満足度に階層化が起きており、できていないことを指摘する「小さな先生」が出現したり、できないことを責める雰囲気がうまれてきたりすると、いじめや冷やかしを受けた子どもたちは、さらにできない子どもをターゲットにしていじめや冷やかしをすることになる。いじめのターゲットの最下層にいる子どもは、いつもいじめられ続けることになる。なかにはストレスのはけ口として「いじめ」をする子どもが現れ、学級の雰囲気は最悪になる。「こんなクラスにいたくない」「早く学級替えをしてほしい」「担任を変えてほしい」などの不満が噴出し、学級は崩れていくのである。

　具体的な事例についてのアセスメントと対応の実際については、第4章の各節を参照していただきたい。

## ［ルール形成不足のクラスでの崩れのパターン］

　教師が設定するべき枠組みがないまま、集団の雰囲気にまかせて集団の規範が形成されていったために、学級内のルールははっきりとものを言える子どもたちに支配されるという傾向がでる。この学級集団の状態では、最低限のルールは死守したいという教師の注意も、茶々を入れる、無視をするなどの子どもたちの容赦ないルール壊しに直面することになる。

　このような学級状態のなかで、反抗的であったり反社会的な行動をしたりする子どもがいる場合、学級を安易に適当な方向に流そうとする雰囲気と同調する。それぞれが自分勝手に好き放題して、その場が楽しければいいという享楽的で刹那的な集団の雰囲気のなかで対応をしていかなくてはならないのである。全体の場での叱責は、本人のあからさまな抵抗や無視、あちこちからの屁理屈の援護射撃にさらされる。そうして教師の指導性の砦が一つ一つ突破され、教師の指導が通らなくなることで学級が崩れていくことになる。

たとえば，LD，ADHDなどの軽度発達障害や学習の遅れなどの配慮を要する子どもがいる場合の対応もむずかしい。ルールが低下している状態では，集団で動くための枠組みを一つ一つ教師が押さえながら活動させる必要があり，配慮を要する子どもたちに時間を割いている間に学級のあちこちでさまざまな問題が発生し，「いたちごっこ」の状態になるからである。配慮を要する子どもに個別の指示をしようと目をはなしたすきに，指示した以外の活動を勝手に始めたり，いじめやトラブルが起きたり，教室を勝手に出たりするなど，ルール壊しは加速し，学級は崩れていくことになる。もちろん，個別の配慮が必要な子どもがいるから学級が崩れるのではない。集団の中にルールやマナーが共有されていない学級集団になってしまったときに，個別の配慮を要する子どもがいると崩れが加速することがあるということである。

　「いじめ」の問題は，リレーション形成不足からの崩れのときと違った様相となる。ルールが低下してお互いに安心してかかわることができない状態では，学級内に2〜3人の小グループができる。不安によるペアリングである。これらの小グループはより安定した関係を求めるために，共通の秘密や敵をつくることになる。これが学級集団では陰口や嫌がらせとなって現れる。したがって，この集団で発生しやすい「いじめ」の特徴は，あちこちで起きる小さな陰口や嫌がらせと頻繁にいじめの対象が変わることである。これらの「いじめ」の対応は，この学級集団の背景の中で収集がつくことはなく，とめられない担任への不信や学級集団へのあきらめにつながり，崩れが進んでいくことになる。

　具体的な事例についてのアセスメントと対応の実際については，第5章の各節を参照していただきたい。

**[リレーションとルール形成不足のクラスでの崩れのパターン]**

　かかわりのないどうでもよい学級の仲間，どうでもいい集団のルールという意識のなかで，リレーションとルール低下の悪循環が進んでいる状態である。そのような学級状態や子どもの行動に対応できない教師の権威は低下し，子どもが不信感をもつため，教師の指導性が失われてくる。そのため，教師が正当な注意しても，子どもに通らなくなってくるむずかしさがある。

　このような学級状態のなかで，反抗的な子どもや反社会的な子どもの行動は，集団のなかで学級集団の多くの支持を受けた行動となる。教師に反抗して指導に従わないことが集団のなかでの承認を集めることになり，そのことが行動をエスカレートさせていく。それ

## 第7節 リレーションとルールの形成不足のクラスに見られるさまざまなパターン

らの子どもたちは，教師が巻き込まれることを予測して，わざと教師を試す行動に出るようになる。感情的になって強い叱責をする教師の指導を突破することで仲間からの承認を集めていくのである。教師が巻き込まれ始めると，教師の指導性が失われ，崩壊に向かって滑り落ちていくことになる。

たとえば，不登校・不登校傾向，軽度発達障害などの特別な配慮を要する子どもへの対応は，それらの生徒を傷つきから守ることが援助の中心となってくる。リレーションとルールの両方が低下した状態では，子どもたちはストレスフルな状態にあるため，弱い立場のものへの攻撃が起こりやすい。このような状況の中では，特別な配慮を要する子どもたちは，直接中傷やいじめの対象になってくる。加害側の子どもたちに注意をしても，「やらないと今度は自分がやられる」という不可避的な状況に追い込まれている場合もあり指導はむずかしい。「あいつが悪いからやったのだ」と正当化する生徒が出てくるが，ルールもリレーションもない集団の中で，それだけすさんだ気持ちになっているのだと理解する必要がある。

この状況では，状況を打開できない教師への不満が広がり，指導性を発揮できない教師と子どもたちの退廃的な雰囲気によって学級は最悪の状態になっていく。

具体的な事例についてのアセスメントと対応の実際については，第6章の各節を参照していただきたい。

### ［特別な要因が絡む崩壊クラスの理解と対応］

前項までに，リレーションとルールの視点からみた典型的な崩壊のパターンを概説した。ここでは，そのほかの要因の影響と考えられる学級の崩れのパターンについてふれておきたい。

たとえば，小規模校で単学級のため学級編成がえがない場合に崩れにつながることがある。学級編成がえがなく，長い時間同じメンバーで生活してきたため，子どもたちの人間関係が固定化しやすい。さらに，子どもたち同士の相互の評価も固定化しやすい。学級集団内に承認感や被侵害感の階層化ができ，それが維持されてきているということである。狭い地域のなかでは幼稚園や保育園のときからずっと同じ集団できており，小さいころのお漏らしの失敗までみんなが知っているという集団もある。この抜きがたい人間関係と評価の固定化のなかで，いつも侵害行為を受けている子ども，認められる機会の乏しい子どもは，学校生活のなかで慢性的なストレスを抱えている。また，表面上，リレーションが

あるように見える場合にも，長い間のなれ合いから必要なルールやマナーがなし崩しになっていることもあり，表面上は仲がよいのかいじめているのかがわからないような侵害行為が存在する場合もある。この固定化に対して介入することができないと，子どもたちのやる気は低下し，不満と反抗が表面化するようになり学級集団が崩れていく。

　他の例では，集団全体にマイナスの行動が定着している場合もある。これは前年度以前に学級崩壊を経験している集団や学年全体が荒れている場合である。この場合の問題は，ルール破り，ルール壊し，教師への反抗などのマイナスの行動をある一定の期間続けてきているために，それらの行動が定着してしまい，そうすることが「あたりまえ」になってしまっているということである。教師が注意すると，真面目に「どうしていけないの？別にいいじゃん」と返ってくるパターンである。屁理屈で教師を立ち往生させたり，感情のペースに巻き込んだりして，教師の指導性を崩す術を心得ている場合もある。また，指導に対してその場は納得しても，周りの仲間と話しているうちに都合のいい理屈にすりかえて巻き返してくることもある。これらの作用を考慮に入れず，子どもたちの心に「落ちない」指導を繰り返すことで，子どもたちとの信頼関係は切れて，学級集団は崩れていくことになる。

　最後に，学級に影響力の大きなインフォーマルなリーダーがいる場合もある。ルールが失われてくると，不安のなかでの同調が始まり，長いものには巻かれろ式に，一部の子どもに学級の雰囲気が左右される状況ができることがある。この問題は専科の授業や教科担任によって授業が成立しなくなることで顕在化してくる。つまり，インフォーマルなリーダーが真面目に取り組む授業はよいが，そうでない授業は成立しない。教師がインフォーマルなリーダーを抑えられるかどうかという要因もあるが，その教科の必要を値踏みして態度を変えることもあり，受験などとかかわって実技教科の授業の教師が苦労することになる。この問題の前提として，集団内のルールが低下して易きに同調する傾向が高まっていることがある。同調している子どもたちのなかには，これでよしとはしていない子どももいるが，それをどうすることもできない集団の雰囲気があるのである。この要因を無視して，教師が全体に責任を問うような強い叱責を繰り返すことで，教師とがんばろうとしている生徒たちとの信頼関係は崩れ，不満がたまってくる。一方，インフォーマルなリーダーの子どもは，学校生活や家庭での背景を抱えて不満をもっている場合も多く，指導には時間がかかることも多い。このような状況のなかで，教師の指導性が確保できなくなっていき，崩壊にむかっていくことになる。

## 第7節　リレーションとルールの形成不足のクラスに見られるさまざまなパターン

　具体的な事例についてのアセスメントと対応の実際については，第7章の各節を参照していただきたい。

〔第7節：粕谷貴志〕

# 学級を知り、育てるためのアセスメントツール

## hyper-QUならQ-Uの診断結果に加え、対人関係力も診断できます

よりよい学校生活と友達づくりのためのアンケート

**hyper-QU**

育てるカウンセリングツールシリーズ

著者　河村茂雄
定価　**420円**（コンピュータ診断料込）
　　　**500円**（高校用：コンピュータ診断料込）
対象　小学校1～3年／小学校4～6年
　　　中学校／高校
※hyper-QUはコンピュータ診断専用版です

**hyper-QU**は、**Q-U**の2つの尺度（学級満足度尺度・学校生活意欲尺度）に、ソーシャルスキル尺度を加えた3つの尺度で診断します。

※高校用では、参考資料として悩みに関する質問項目が取り入れられています。

**ソーシャルスキル尺度**
対人関係（ひとづきあい）を円滑にするための技術（コツ）を測るものです。

**ソーシャルスキル尺度**を用いて、対人関係力を測ることにより、児童生徒および学級集団の状態を多面的にとらえることができます。
また、**個人票**（教師用／児童生徒用）も打ち出されるので、児童生徒一人ひとりに適切な対応を図ることができます。

## Q-Uは不登校やいじめの防止、あたたかな人間関係づくりに役立ちます

楽しい学校生活を送るためのアンケート

**Q-U**

育てるカウンセリングツールシリーズ

監修　田上不二夫
著者　河村茂雄
定価　**300円**（用紙100円　コンピュータ診断料200円）
対象　小学校1～3年・4～6年／中学校／高　校

### 学級全体と児童徒個々の状況を的確に把握する2つの診断尺度
「学級満足度尺度」、「学校生活意欲尺度」の2つの診断尺度で構成されています。

● **学級満足度尺度**：いごこちのよいクラスにするためのアンケート
クラスに居場所があるか（承認得点）、いじめなどの侵害行為を受けていないか（被侵害得点）を知ることができます。

● **学校生活意欲尺度**：やる気のあるクラスをつくるためのアンケート
児童生徒の学校生活における各分野での意欲を把握することにより、子どもたちのニーズにあった対応を考える資料となります。学級、学年、全国の平均得点も打ち出されますので、今後の学級経営に役立ちます。

この商品のお求めは **図書文化社 営業部** へ　　TEL.03-3943-2511　FAX.03-3943-2519

# 第2部
# 学級経営 スーパーバイズの実際

## 第4章　リレーションの不足している学級　74
　1．学級をかき回す子どもがいる
　2．不登校傾向の子どもがいる
　3．個別的な配慮が多く必要な子どもがいる

## 第5章　ルールの不足している学級　92
　1．学級をかき回す子どもがいる
　2．不登校傾向の子どもがいる
　3．個別的な配慮が多く必要な子どもがいる

## 第6章　リレーション・ルールの不足している学級　110
　1．学級をかき回す子どもがいる
　2．不登校傾向の子どもがいる
　3．個別的な配慮が多く必要な子どもがいる

## 第7章　特別な要因が絡む学級　128
　1．ずっと学級編成がえがない単学級集団
　2．前年度の学級崩壊を引きずっている
　3．盗難・靴隠しなどが頻発している

第4章

リレーションの不足している学級
# 1 学級をかき回す子どもがいる

### 本事例の学級の様子

　ほとんどの子どもが落ち着いて学習に取り組んでいるが，特定の子どもにかき回されている状況である。担任や学級のリーダーが，ルールを守らせようと厳しく注意しているが，改善は見られない。また，学級にお互いにけん制しあう雰囲気があり，あたたかさ，寛容さにかけるところがある。

### ■本事例のQ-Uプロット（基礎資料①）

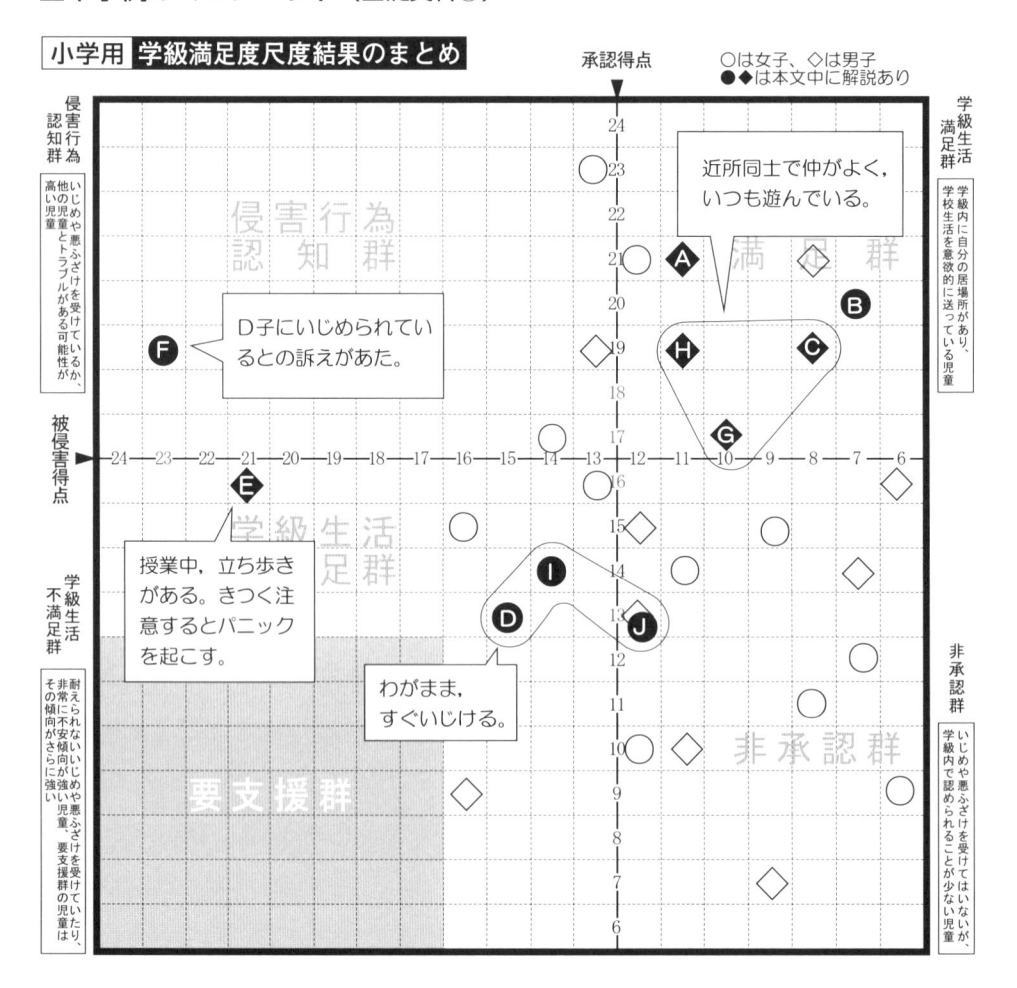

|小学用| 学級満足度尺度結果のまとめ

○は女子、◇は男子
●◆は本文中に解説あり

侵害行為認知群：いじめや悪ふざけを受けているか、他の児童とトラブルがある可能性が高い児童

学級生活満足群：学級内に自分の居場所があり、学校生活を意欲的に送っている児童

被侵害得点

学級生活不満足群：非常につらいいじめや悪ふざけを受けていたり、その傾向が不安定で安定的にさらに強い児童、要支援群の児童は耐えられない

非承認群：いじめや悪ふざけを受けてはいないが、学級内で認められることが少ない児童

要支援群

- A
- B
- C 近所同士で仲がよく、いつも遊んでいる。
- D わがまま、すぐいじける。
- E 授業中、立ち歩きがある。きつく注意するとパニックを起こす。
- F D子にいじめられているとの訴えがあった。
- G
- H
- I
- J

74

## 第 4 章 リレーションの不足している学級
### 1.学級をかき回す子どもがいる

**■事例提供者の報告（基礎資料②）**　　　　　　　　　　　担任：40代女性

---

**学級集団の背景**　　小学校３年生　人数30人（男子15人，女子15人）
- 学校の特徴……都市部中規模校
- 学級編成の状況（もち上がり等）……学級編成がえをした３年生，学年所属は同じであったが新しく担任した。

---

**問題と感じていること**
- 授業中私語は少ないが，活気がなく挙手や発言が少ない
- 授業中に立って歩く，突拍子もないことをする児童への配慮をどうすればよいか

---

**学級の公的なリーダーの児童生徒（番号と簡単な説明）**
男子・A男（学力が高く，何事もそつなくこなすタイプ。）
女子・B子（まじめで地道に仕事をこなす。ややおとなしい。）

---

**学級で影響力の大きい・陰で仕切るような児童生徒（番号と簡単な説明）**
男子・C男（元気がよく，面白い言動で笑いをとる。）
女子・D子（ややわがままであるが，きついところがあり，だれもさからえない。E男へも厳しいことをいう）

---

**態度や行動が気になる児童生徒（番号と簡単な説明）**
男子・E男（授業中に立って，わけのわからないことを言ったりする。きつく注意をするが，なかなか聞かない。周りの子どもも迷惑をこうむっている。）
女子・D子（わがままを口に出す。教師の指導に「やりたくない」と文句をいう。）
　　　F子（D子にいじめられているとの訴えがあった。）

---

**プロットの位置が教師の日常観察からは疑問に感じる児童生徒（番号と簡単な説明）**
特になし。

---

**学級内の小グループを形成する児童生徒（番号と簡単な説明）**
男子・・C男，G男，H男（近所同士で仲がよく，いつも遊んでいる。）
女子・・D子，I子，J子（教師へのちょっとした反発等がある。）

---

**4群にプロットされた児童生徒に共通する特徴**
満足群・・・・・勉強ができ，元気に生活している児童が多い。
非承認群・・・・活気がなく，授業中の発言が少ない。
侵害行為認知群・・勉強はできるが，不平不満を言う。
不満足群・・・・勉強が苦手で，生活面でも配慮が必要な児童。

---

**担任教師の方針**
学級経営・・・学習の定着を図るように基本的な生活習慣を身につけさせたい。
授業の展開・・私語がなく，全員が集中して取り組む授業。

■ アセスメント 基礎資料①②をもとにした，スーパーバイザーの見たて

### Q-Uプロットより
● リレーションとルールのバランス
・ルールはあるが，子ども同士のリレーションはないと考えられる。
● 集団の崩れの段階……初期・中期・後期
● その他
・学級全体が緊張している。
・非承認群の子どもは「学級にいることがつまらない」と感じていると考えられる。

### 面接の記録より ※①
・学級内にルールはあるものの，教師がいちいち指示や注意をしないと動けない状態。当然，お互いに守るべきマナーは育っていない。
・ADHD傾向の子ども（E男）が，授業中に落ち着かないのをきつい言い方で注意する子どもがおり，それによってADHD傾向の子どもがパニックになると授業が成り立たなくなることがある。
・子ども同士の寛容さに欠ける部分がある。

### 総合的なアセスメント
● 集団変容の方向：＋・− ● 教師の指導行動：P優位・M優位・PM・pm ※②
・学級内に規律はあるものの，教師の叱責を恐れてのものである。子どものお互いのつながりは弱く，ADHD傾向で，みんなと同じことのできない子どもを不満のはけ口にしたり，ADHD傾向の子どもの対応に教師が苦慮したりしているのをみて，それに乗じて自分たちの不満を表す子どもが出てきた。

⬇

### ○対応の方針
・ADHD傾向の子どもに対する状況や対応を保護者，教師，そして学級の子どもにも理解してもらう。
・教師と子ども，子どもと子どものリレーションを形成し，学級に漂う緊張感を緩和してい

### ○当面の方針
・ADHD傾向の子どもに対して，三次対応の体制をつくると同時に，非承認群や侵害行為認知群の子どもへの私的な声かけを意識して増やす。

※①面接では学級担任に「小グループは」「問題のある子どもは」「気になる子どもは」などグループやリレーションに関わる質問を通して観察・面接の記録を重ねる。
※②P優位とは，学習の促進と望ましい社会性を育成するという一貫した指導をして，子どもが管理的と感じる指導行動が強いタイプ。M優位とは，学級集団に対する適応や心情に配慮するという援助を重視して，子どもが友達みたいと思うタイプ。PMとは，心情に配慮した上で指導を行い，援助と指導のバランスがとれているタイプ。pmとは，PMと反対で指導も援助も乏しく，子どもからみて信頼感が低いタイプ。

第 4 章　リレーションの不足している学級
**1. 学級をかき回す子どもがいる**

■対応策　アセスメントを実現するための策。ここから選んで実施してください

### ◆学年の連携の仕方（チームティーチング，合同授業等，担任教師の役割の明確化）

・事前に，ADHD傾向の子どもがパニックになったときの居場所（教室の後ろの角，相談室，保健室等）を確保し，サポート対応者（担任がADHD傾向の子どもに対応するときは，サポート対応者が残された学級児童への学習を継続。あるいは，担任が授業を継続し，サポート対応者がADHD傾向の子どもの対応を行うなど）をおく。

・学年で活動する際のADHD傾向の子どもへの対応を，学年内で統一する。

### ◆保護者への説明・協力体制のあり方

・ADHD傾向の子どもの保護者と，医療・相談機関で，本児の障害と特性について共に理解を深め，家庭で，学校での対応の仕方を確認し合う。

・E男の保護者に学校での本児の様子を伝え，個別の援助が必要なことを理解してもらう。このとき，必要があれば授業参観を行い，指導の手だてや学校としての支援体制を説明する。

### ◆担任教師の対児童へのリーダーシップのとり方のポイント

・人間にはさまざまなタイプがいることを前提とし，その人なりの努力を認めていくことが大切であると子どもたちにわかりやすく話す。同様に，注意の仕方もその人に合ったやり方があるということも知らせておく（特にE男への対応として）。当面，E男への注意を子どもたちにやめさせる。「授業中に○○さんを注意するのは先生の仕事だから，みんなは言わなくていいからね。注意をする代わりに，○○さんがんばっているところを見つけるんだよ」

・非承認群の子どもを中心に，日ごろから子どもに声をかけ，子どもとのふれあいに努める。できるようになったことやがんばっていることについて担任が学級全体で認め，自己存在感を感じさせるようにする。

### ◆授業の進め方のポイント

・グループ学習になじませておく。E男に緊急に対応するとき，他の子どもたちがグループ学習で学習を進められるようにしておく。

・E男の学習環境をコントロールする。例えば，集中力が欠けても立ち歩かないこと，その代わりに静かに好きなことをしてもよいことを契約（事前に約束を結ぶ）する。そのためには，本児の席を前列角にして，ロッカーに興味のある物（例えばパズル，クイズ本等）を用意しておき，立ち歩かないでも取り出せるように空間保障する。それでもE

男が立ち上がったときは，タイミングよく何か仕事（例，黒板けし）を頼み，できたらほめる。
・「自分が思っていることを安心して話せる」，「失敗しても許される」などの雰囲気をつくり，緊張が緩和した状態で授業を行うよう配慮する。そのためには，教師自身が，子どもに対して許容的な態度で接するよう心がける。例えば，失敗には子どもの身に立ってその理由を尋ねたり，間違いの発表には「おしい」と笑顔で励ましたりする。
・子どもの考えを認め，称賛し自信をもたせる。例えば，子どもの発表を最後までうなずきながら聞く，正答だけでなく誤答にも良さを見つける，自分の考えをノートなどに書かせてから発表させるなど。
・授業内容が単調にならないよう，ゲーム的要素を取り入れたり，笑いが起こるような工夫をしたりする。また，授業で学習に集中する時間と自由に私語をしていい時間を設け，授業にメリハリをつける。教師側から余談を出してみる。
・グループでの活動がうまくいった理由を，グループ内の協力の賜物であると教える。さらに，具体的にだれがどんなことを言って協力できたのかそのグループから聞き出し，クラス全体に紹介する。

**◆学級活動の展開のポイント（朝，帰りのホームルームも含めて）**
・登校する子どもたちを教室で迎えるように心がけ，あいさつとひとこと会話を行う。
・朝の健康観察は，一人一人呼名し，顔を見て，表情や声の調子などを観察しながら教師が行う。また，健康観察で気になった子どもには，個別に後でひとこと声をかけたり，一日の様子を見たりする。
・朝の会では，例えば，朝の歌で教師が歌う曲を決めるのではなく，自分たちが歌いたい曲のリクエストをとり，みんなで歌うなど，担任教師の意思のみの決定から，子どものアイディアを取り入れた決定というような自由度をほんの少し取り入れる。
・帰りの会に，「楽しいさよなら」を提案し，毎日5分間ゲームをしてから帰りのあいさつを行う。ゲームは，初めは2人組で行うものでルールが単純なものから始める。
・「帰りの会」で「いいとこさがし」を継続する。個人カードを用意し，友達にいいところをみつけたメッセージカードを貼ってもらう。あるいは「いいとこさがしコーナー」で発表し，その子の名簿に発見シールを貼ってもらう。「目立たないところでがんばっていた友達をさがす」「ほめる視点を具体的に明記したカードを用いて友達のいいところをみつける」など。

# 第4章 リレーションの不足している学級
## 1.学級をかき回す子どもがいる

・帰りの会で「今日のキラリさん」,「今日のヒーロー」,「今日のぴかり大賞」を発表させる。がんばった人やいいことをした人を発表させる。子どもが見つけられないときは教師が紹介する。ただし,「先生が見ていないところでがんばっている人もいるのだから,見つけたらぜひ教えてね。」,「いいことをした人を見つけられる人も,すごい人なのだからできるだけ見つけてね。」と必ずつけ加える。教師はE男,D子,F子を紹介できるように,意識して観察する。いつも仲よしグループ内の紹介に終わるような場合は,「たくさんの人のいいところを見つけられると,もっとすごいね。」と話し,グループの外に目を向けるよう促す。

・下校する時,担任(担任対クラスの子ども全員)とじゃんけんをしてから帰らせる。時間が許せばドアのところで1対1のじゃんけんをし,勝った子どもは前のドアから,負けた子どもは後ろのドアから帰る。

◆**給食・掃除の時間の展開のポイント**

・給食時…教師は,曜日ごと順番を変えて,子どもと一緒に食べる。

・清掃…共同作業の場としてとらえ,指示を出し評価するのではなく,一緒にきれいにするために働く気持ちで行う。

◆**時間外(休み時間・放課後)に必要な対応(個別面接・補習授業等)**

・E男やD子・I子・J子には,ことあるごとにおつかいやお手伝いを頼む。おつかいに行ったら相手の教師には必ず御礼を言ってもらう。また,「担任があなたのことをこんなふうにほめていたよ。」と伝えてもらう(事前にお願いしておく)。

・学級遊びの時間を設定し,全員が楽しめる遊びを企画し,教師も混じって遊ぶ。

◆**担任教師のサポートのあり方,作戦会議の計画**

・E男に対しては担任一人で対応するのではなく,学校として支援体制をつくる。具体的には,定期的にE男への支援を話し合う場を設定する。E男がパニックを起こしたときや教室を出て行ったときの対応の仕方を教師間で共通理解しておくなど。

・ADHDに関する資料を担任にわたす。できれば,本をまるごと1冊より要点が書かれたものの方がよい。個別検査が必要となった場合は,担任に負担がかからないようにその手続きを担任以外のところで進める。

## 第4章

リレーションの不足している学級

## 2 不登校傾向の子どもがいる

**本事例の学級の様子**

　元気のよい子どもだけが学級生活で認められていて，その雰囲気についていけない子どもが引きこもりがちになっている。教師に反抗したり暴力をふるったりするようなことは見られないが，不満を抱えた子どもが学級生活に適応できずにいる。

■本事例のQ-Uプロット（基礎資料①）

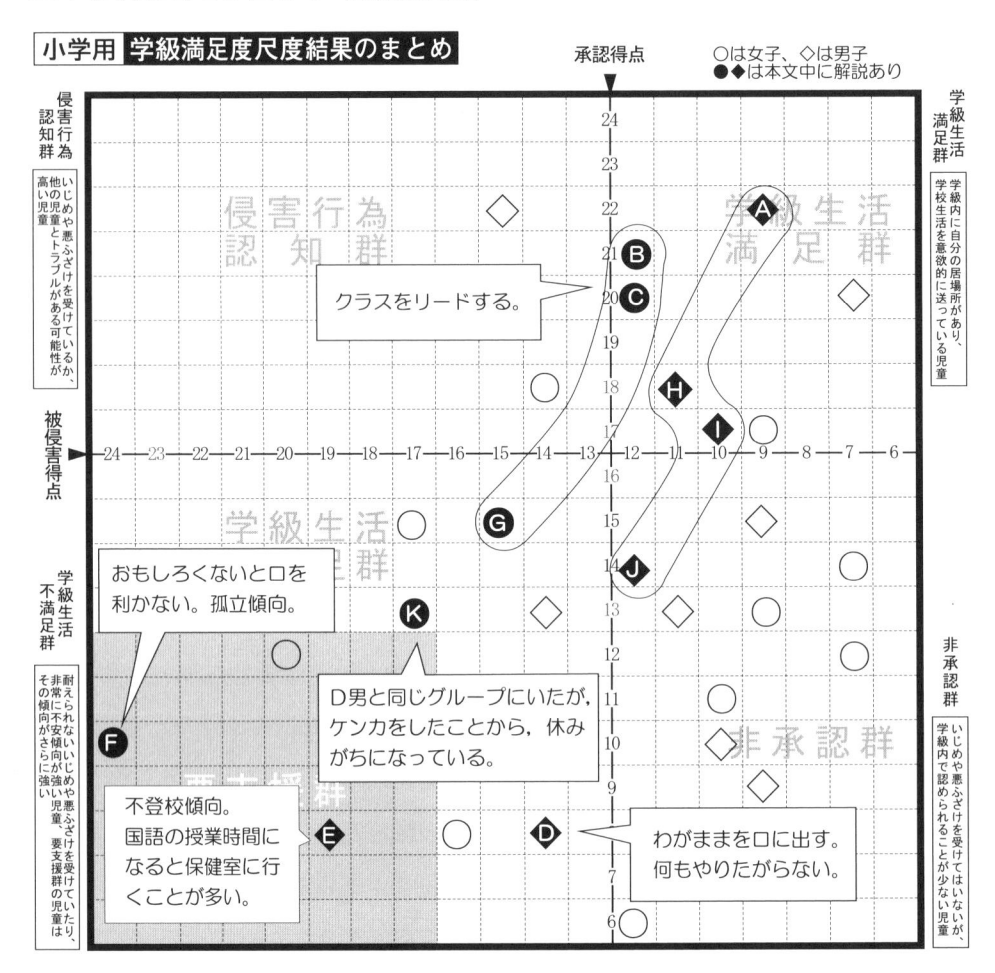

**小学用　学級満足度尺度結果のまとめ**

○は女子、◇は男子
●◆は本文中に解説あり

- クラスをリードする。（A, B, C, G, H, I, J）
- おもしろくないと口を利かない。孤立傾向。（F）
- D男と同じグループにいたが，ケンカをしたことから，休みがちになっている。（K）
- 不登校傾向。国語の授業時間になると保健室に行くことが多い。（E）
- わがままを口に出す。何もやりたがらない。（D）

承認得点／被侵害得点

侵害行為認知群：いじめや悪ふざけを受けているか，他の児童とトラブルがある可能性が高い児童

学級生活満足群：学校生活に自分の居場所があり，学級生活を意欲的に送っている児童

学級生活不満足群：耐えられない不安傾向やいじめや悪ふざけを受けていたり，その傾向がさらに強い児童は要支援群の児童

非承認群：いじめや悪ふざけを受けてはいないが，学級内で認められることが少ない児童

■ **アセスメント** 基礎資料①②をもとにした，スーパーバイザーの見たて

### Q-Uプロットより
● リレーションとルールのバランス
・学級内のルールはある。教師と一部の子どものリレーションに偏る部分があり，子ども相互のリレーションが弱い。

● 集団の崩れの段階……初期・中期・後期
● その他
・要支援群に子どもがいて，学級の雰囲気になじめずに不適応傾向になっている可能性が考えられる。
・承認得点のかなり低い子どもは，認められない不満を抱えている可能性がある。

### 面接の記録より
・教師は，子どもらしい活発さを求めているが，その教師の価値観にそっていて，いつも評価されている子どもは満足群にいる。しかし，活発でない子どもや学習や運動で認められない子どもは不満や閉塞感を感じているかもしれない。
・不登校傾向の子どもへの個別の配慮が少なく，その子どもはだれともしっかりとしたかかわりをもたずにきている可能性がある。

### 総合的なアセスメント
● 集団変容の方向：＋・－　● 教師の指導行動：P優位・M優位・PM・pm
・教師の指導性が強く，落ち着いた学級集団であるが，学級の雰囲気が活発で勉強やスポーツのできる子どもが中心になっており，それにのれない子どもが不満や不適応感をつのらせてきている可能性が考えられる。
・子ども相互のリレーションがないなかで，友人関係の不調や家庭環境，不安傾向など，一人一人の子どもの背景に合わせた教師の個別対応が不足したために，これらの問題を抱えた子どもが，学級で安心してすごせなくなってきている。

↓

### ○対応の方針
・担任は不登校傾向の子どもの不安感や不満を理解し，その子どもが認められるような学級経営をしていく。また，一人一人の良さを学級全体で共有できるような認め合いを行う。

### ○当面の方針
・不登校傾向の強い子どもと面接を行い，担任とパイプをつなぐようにする。一人一人が活躍できるような自由な雰囲気の活動を取り入れ，緊張の緩和を図る。

## 第4章 リレーションの不足している学級
### 2．不登校傾向の子どもがいる

■対応策　アセスメントを実現するための策。ここから選んで実施してください

◆**学年の連携の仕方（チームティーチング，合同授業等，担任教師の役割の明確化）**

・授業崩壊にはいたっていないので，合同授業などの方法はとらなくてもよい。ただ，TT（チームティーチング）加配や少人数加配などの支援体制に余裕があるのであれば，担任と子どもたちの関係がよくなるまで算数と国語で入ってもらう。そして，主にF子，E男，D男，G子を中心についてもらう。

◆**保護者への説明・協力体制のあり方**

・保護者の中にも，心配や不安を抱いている人が少なからずいることが考えられる。学級懇談会や，学級通信などを利用して，子どもたちの様子を知らせたり，担任としての願いや方針を伝えたりすることが大切である。「どの子も大切に思い，のばしていきたいと思っている」という担任の熱意が保護者に伝われば，おのずと家庭の協力も増すと思われる。

・F子，E男，D男については，保護者と個別に面談する必要がある。学校での状況を率直に伝え，担任が心配していることを伝える。また，どういう時におなかが痛くなるか，学習についての子どもの意欲や友人関係など，家庭での様子を聞く。家庭と連絡を密にとりながら，子どもが楽しく学校に行けるように担任と学校が協力していくことを確認する。

◆**担任教師の対児童へのリーダーシップのとり方のポイント**

・学級が維持発展できるのは，リーダーシップをとる子どもの存在だけでなく，バックアップする人，すなわちリーダーを支えていこうというフォロアーシップに満ちた人の存在が重要であることを，全員の前で説明し，子どもたちの意識を高める。てきぱきと指示を出す人だけなく，黙ってリーダーの話を聞き，ニコッとほほえんでリーダーに協力している人が，この学級にも存在しているということを説明しておく。上記の説明をしておいたうえで，不登校傾向の子どもらに，あの話は君のことだとそっと伝える。学級が発展していくうえで，いなくてはならない存在なんだということを，きちんと伝える。

・おとなしい子，声の小さい子，うまくしゃべれない子には，担任が補助自我の役割をするようにする。「あなたの気持ちは…ではないの？　そうだったら，声に出していってごらん。」，「あなたのいいたいことは，こうなんだね。」と声かけをする。

◆**授業の進め方のポイント**

・基本として2人組の人間関係づくりから始めてみる。授業の中で，隣同士を基本として，

話し合ったり協力し合ったりというような活動を取り入れていく。
- 活発に発言することが苦手な子どもも多いので，考えや思いを，文章で書かせてみる。その際，担任は大変でもすぐに目を通し，短くてよいからひとことプラスのメッセージを書きそえて返す。
- 一斉指導を最初と最後のみにするなど極端に減らし，ペア学習，グループ学習の時間を多くもてるように指導計画を考える。まずは2人組でしっかり友達と交流させ，自分の考えや意見の言える環境をつくり，次はグループで交流させていく。グループ内で自分の考えや意見をどんどん出させる。発表は，グループのだれか代表一人で十分。自分の考えが言いにくい段階では，ワークシートに書き込ませてからそれを読むように指導する。
- 読む，話す・聞く，書くなどをバランスよく取り入れ，楽しい授業にする。また，評価的な態度を担任はとらないようにする。
- 活発な発言も大事だが，聞く人の存在があって発言は初めて成り立つことを説明し，聞くルールを設定する。作業をやめ，相手の方にへそを向けて，うなずきを入れながら目で聞くことを徹底させる。その上で，不登校傾向の子どもの聞く態度のよさを認める回数を，意図的に増やす。
- 話す，聞く指導に関しては，たくさん授業研究がされているので，話せない子どもへの指導を参考にし，実践していく。

**◆学級活動の展開のポイント（朝，帰りのホームルームも含めて）**
- しばらく朝の会は，健康観察をしたあと，「わくわくタイム」と称して身体と心を開放するような楽しい活動をとり入れ，1日のスタートをきるようにしていく（「心理テスト」，「ラッキーちゃんをさがせ！」，「爆弾ゲーム」，「じゃんけん列車」，「新聞紙の上に隣同士で乗り，じゃんけんで負けたチームは2つ折にしていく」，「まちがいさがし」など，いろいろなミニゲームを行う）。大切なことは，盛り上がって時間をのばさないこと。短時間でも，約束した「わくわくタイム」はなくさないこと。そのうちに，子どもたちが朝の会を心待ちにするようになり，リクエストも出るようになってくる。
- 朝の会にスピーチをとり入れる場合は，みんなの前で話すだけでなく，2人組・4人組で話すなど。2人組で鉛筆対談などしてもよい。
- 帰りの会は，「きらきらタイム」として，きょう一日を振り返ってほめてあげたい子を紹介する時間を設定する。もちろん，担任は，子どもたちのキラリとした行動や態度，

言葉を，だれよりも先にたくさん紹介することが大切である。「キラリ」は，学級だよりなどでも紹介する。

◆**給食・掃除の時間の展開のポイント**
・子どもたちと一緒に輪になって食べる。一日ずつ班毎に回っていきながら，だじゃれを言ったり給食について他愛のない話をもちかけたりしながら，努めて肩の力を抜いた話をし，クラス内の雰囲気を和らげる。

◆**時間外（休み時間・放課後）に必要な対応（個別面接・補習授業等）**
・休み時間，放課後はできるだけ教室で仕事をする。すぐに集団遊びに誘ってもうまくいかないので，そのような子どもとは雑談してみる。そして，まずは教室にとどまる子どもたちを，担任が橋渡し役になって，結びつけていく。少しずつ雑談の輪を広げながら，人間関係を広げていく。
・G子とは，個別に話し合う時間をとる。また，C子とも話をし，2人の人間関係の修復を，教師が手助けすることも必要である。

◆**担任教師のサポートのあり方，作戦会議の計画**
・けっして力量不足ではないことを前提とし，これまで，落ち着いた学級をつくりあげてきたことを評価する。担任教師が，自信を失うことのないように，励ましていきたい。
・不登校児童の理解の仕方や対応の仕方をカウンセラーなど専門家から学びながら，子どもに接することができるよう，専門家とのつなぎ役になる。

## 第4章

リレーションの不足している学級

### 3 個別的な配慮が多く必要な子どもがいる

**本事例の学級の様子**

　教師の指導に従って適応している子どもが学級の中心になっている。個別に配慮が必要な子どもに対して、周りの子どもがからかったり、いじめたりする行為が見られる。

■**本事例のQ-Uプロット**（基礎資料①）

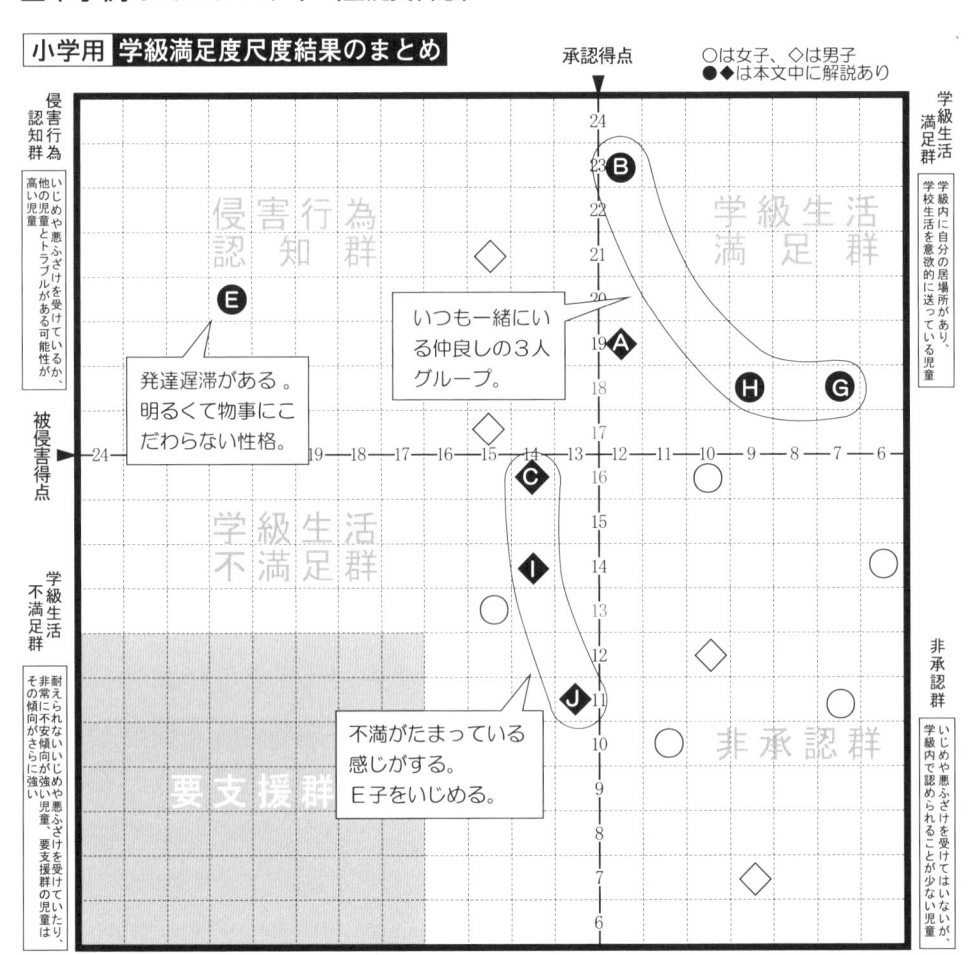

| 小学用 | 学級満足度尺度結果のまとめ |

○は女子、◇は男子
●◆は本文中に解説あり

- いつも一緒にいる仲良しの3人グループ。（A, H, G, B）
- 発達遅滞がある。明るくて物事にこだわらない性格。（E）
- 不満がたまっている感じがする。E子をいじめる。（J）

軸・領域ラベル：
- 侵害行為認知群（高い児童：他の児童といじめや悪ふざけを受けているか、トラブルがある可能性が）
- 学級生活満足群（学級内に自分の居場所があり、学校生活を意欲的に送っている児童）
- 被侵害得点
- 承認得点
- 学級生活不満足群
- 非承認群（いじめや悪ふざけを受けることはないが、学級内で認められることが少ない児童）
- 要支援群（耐えられないほど非常に不安傾向が強い児童や、いじめや悪ふざけを受けていたり、その傾向がさらに強い児童、要支援群の児童は）

# 第 4 章　リレーションの不足している学級
## 3.個別的な配慮が多く必要な子どもがいる

■**事例提供者の報告**（基礎資料②）　　　　　　　　　　　　　　　　担任：50代女性

**学級集団の背景**　　小学校6年　人数17人（男子8人，女子9人）
・学校の特徴……地方都市小規模校
・学級編成の状況（もち上がり等）……5年生からもち上がりで担任をもった。

**問題と感じていること**
・個性の強い子どもが多く，まとめきれない。
・知的障害をもつ子どもがおり，個別に配慮が必要だが，つきっきりになってしまいがちである。周りの子どもが，からかったりすることもあり，どうしてよいかわからない。
・学級委員はいるが，周りの協力がなくまとまらない。

**学級の公的なリーダーの児童生徒（番号と簡単な説明）**
男子・A男（勉強がよくできてしっかりしているという理由で学級委員に推薦された。）
女子・G子（おとなしいが，しっかり者。勉強がよくできる。）

**学級で影響力の大きい・陰で仕切るような児童生徒（番号と簡単な説明）**
男子・C男（ひょうきんなところがあり，周りから好かれている。）
女子・B子（活発で，ハッキリと物事をしゃべるタイプ。指示を出して学級をまとめる。能力も高い。）

**態度や行動が気になる児童生徒（番号と簡単な説明）**
女子・E子（発達遅滞で授業内容にはついてきていない。個別に自立のための訓練が必要なレベルである。）

**プロットの位置が教師の日常観察からは疑問に感じる児童生徒（番号と簡単な説明）**
女子・E子（男子からからかわれたり，いじめられたりすることもあるので，不満足群にいると思った。）

**学級内の小グループを形成する児童生徒（番号と簡単な説明）**
男子・C男，I男，J男（不満がたまっている感じがする。Eのことをいじめる。）
女子・B子，H子，G子（いつも一緒にいる仲よしの3人グループ。）

**4群にプロットされた児童生徒に共通する特徴**
満足群・・・・・・真面目で積極的に授業に参加する。生活もきちんとしている。
非承認群・・・・・おとなしいが，生活態度はきちんとしている。
侵害行為認知群・・マイペースなところがある。
不満足群・・・・・学級の中では孤立しており，個別の配慮が必要な子ども。

**担任教師の方針**
学級経営・・・だれにでも思いやりをもつことができる集団。
授業の展開・・どの子にもわかるまで教える。家庭学習も重視する。居残り学習も実施する。

## ■アセスメント 基礎資料①②をもとにした,スーパーバイザーの見たて

### Q-Uプロットより
● リレーションとルールのバランス

● 集団の崩れの段階…… 初期・中期・後期
● その他
・満足群と非承認群に子どもが集中しており,学級生活に満足している子どもから,学級内で存在感を感じられない子どもまで,階層化している。

### 面接の記録より
・ときには厳しい指導もするため基本的な生活はしっかりしている子どもが多いが,小グループでまとまることが多く,学級全体のリレーションは育っていない。また,不満を抱える子どもが障害をもった子どもなど弱い立場の子どもへの攻撃をすることをはけ口にしている。

### 総合的なアセスメント
● 集団変容の方向:＋・— ● 教師の指導行動:P優位・M優位・PM・pm
・指導はきちんと通り,子どももそれに従って生活している。しかし,一人一人の多様性を認める指導が不足したため,階層化し,小グループでまとまる結果となっている。
・知的障害をもつ子どもの指導に追われ,自習が多くなり,子どもの不満がたまっている。
・要領の悪い子どもの中には,教師の指導に適応するのがやっとという子どももいると考えられ,学級に緊張がある。そのため,構えをといて子ども同士がふれあう経験が不足して児童相互のリレーションが育っていないと考えられる。

⬇

### ○対応の方針
・ルールはある程度徹底しているので,リレーションを形成することに主眼をおいたルールを再形成する。やわらかい雰囲気を大切にする。

### ○当面の方針
・少人数という利点を生かし,個別に対応する場面を多くする。そして意図的に一人一人のつながりを築くようにする。

## 3. 個別的な配慮が多く必要な子どもがいる

■**対応策**　アセスメントを実現するための策。ここから選んで実施してください

◆**学年の連携の仕方（チームティーチング，合同授業等，担任教師の役割の明確化）**

・E子に対して，特殊学級・学年・専科等の先生とコンサルテーションを開き，アセスメントを行い，援助方法を探る。また，アセスメントから個別教育計画を立てる。

・朝の会や帰りの会を参観し合う。担任の工夫や指導方針が凝縮されているこの時間を参観すると，自分の指導の足りない点や学級の課題が明確になることがある。

◆**保護者への説明・協力体制のあり方**

・E子の保護者との連携を密にし，子どもの発達・学校生活の状況・家庭環境になどについて情報を集め，どのような援助が必要か的確に把握していく。

・子どものつぶやきを教師が記録したり，学級会の様子や道徳の時間の発言，授業後の感想や一日の振り返りなどを子どもに書かせたものを学級通信で紹介する。

・子どもが欠席したときに，電話で様子を聞いたり，連絡したりするだけでなく，ちょっとした子どものよい行いも伝える。ただし，2，3分ですませる。

◆**担任教師の対児童へのリーダーシップのとり方のポイント**

・子どもの話を十分に聴く。子どもたちがどんなことに興味をもち，どんなことが得意で，どんなことが苦手なのかについて，一人一人の個人情報をたくさん集め，授業や学級経営に生かす。

・「どの子どもにもわかるまで教える」前に，子どもが興味をもつ授業構想を行う。教師と子どものリレーションづくりを中心にした授業展開にし，とくに導入で子どもを引きつけるような構想を取り入れる。

・子ども同士のリレーション形成を意識して，ペア学習，グループ学習が成立する授業を行う。特に体育，音楽ではそれが可能。

・道徳の時間でボランティア活動や施設訪問など体験参加型道徳を推進する（場合によってはそこから総合的な学習に発展してもよい）。

・からかいを許さない。とくにE子へのからかいは，教師が見逃さないように常に注意をはらっておきたい。からかいは許さないという姿勢はくずさず，毅然とした態度を見せることが重要ではあるが，からかった子どもと個別に面談して，なぜからかってしまうのかその子どもに考えさせる。担任も一緒に考えるとよい。理由がわかると，その子ども本人が何から気をつけていけばいいのか見えてくる。

・教師も子どもも笑顔になれる楽しいことを行う。きちんとした生活態度だけを指導した

り，まじめな態度をほめたりするだけではなく，だれかを楽しませたり，教室が明るく元気になることを取り入れる。例えば，簡単なゲームを教師主導で行う。そうすると，きちんとしていなければいけないという緊張感がほぐれ，体全体で喜びを表現する子や，大きな声でもりあげる子，負けたり失敗したりしてもさわやかな子どもをほめることができる。司会をしながら教師も楽しみ，文化的な活動を見せることで，教室が楽しい場所に変わり，授業では活躍しにくい個性的な子どもが脚光を浴びることができる。

◆授業の進め方のポイント

・対話のある授業。学習活動やワークシートなどに選択の幅をもたせ，子どもたちに教師と一緒に，自分たちで学習を作っているという気持ちをもたせる。
・いつも仲よしの小グループが固定化するのを防ぐため，学習活動のなかで，できるだけいろいろな子どもとグループを組んで活動させるような工夫をする。
・評価をする時に，「100点満点中の何点か」で評価するだけでなく，「前回に比べて，どんな成長やのびが見られたか」で評価する視点をもつ。
・授業のなかで，勉強の苦手な子ども，不満をもっている子どもなどに，授業準備の手伝いなどの役割を与え，「ありがとう」と声かけすることで自分が必要とされているという気持ちをもたせる。

◆学級活動の展開のポイント（朝，帰りのホームルームも含めて）

・「こんなクラスにしたい！」など，自由記述アンケートを活用して学級集団への参加意識をもたせる。
・係活動の役割を生かし，リレーションづくりを意図した活動を取り入れる（例えば，ゲーム係が一緒に活動できるような計画を立てる）。
・朝の会や帰りの会のスピーチのときのテーマを，子どもたちの一人一人の個性の良さが表現されるようなものにする。
（例）「もし，明日の朝，何かに変身しているとしたら，何に変身していると思うか。わけは…」
・帰りの学級活動では，小さな紙に一日一人にしぼって，その子の光るところを記入させ，翌日学級通信で全児童家庭に返していく。17名のクラスであれば，1ヶ月で全員の光を見つけて紹介し，分かち合うことが可能になる。
・対話2人組で考えを交流したり，班で一つの考えを発表したりする活動を取り入れる。全員の前では発表できなくても，少人数だと発言できる子が多い。

## 3. 個別的な配慮が多く必要な子どもがいる

- 生活態度がきちんとしていることはいいことである。しかし，それを厳しさのみで守らせていくと，窮屈になってしまう。「きちんと」を楽しむ方法を工夫するために，「ハンカチ・ちり紙あげゲーム」で点検をする。班ごとに「抜き打ちハンカチ落とし」をするのも面白い。
- 輪になって歌う。朝の会や帰りの会で，歌を歌うとき，机の隣に立って歌うのでは，子どもの顔は教師にしか見えない。意外な子が一生懸命歌っていたり，みんなしっかり参加していたりすることを互いに認識するためには，輪になって歌うことがいちばんである。お互いの表情を見ているだけで笑顔になり，声もよく聴き合うようになる。

◆**時間外（休み時間・放課後）に必要な対応（個別面接・補習授業等）**

- E子をからかう子の面接を行い，なぜからかうのかを考えさせる。「見ているとイライラする」という自分本位の感情か，「みんなもやっているから」という他人と同じでないと安心できない自分の弱さに気づくことができる。できないことや苦手なことはだれにでもあることを気づかせ，人の弱い部分をからかうことはとても簡単で，手を差しのべたり，応援したりすることはとてもむずかしく，勇気あることだと教えたい。自分は今後どういう行動をしていくか，その子ども本人に考えさせ，E子との関係において自分が高まるように支援したい。自分で考えられない場合には，

    ① E子をからかっている子どもを見たら注意してやめさせる。
    ② E子に自分から挨拶したり，話しかけたりしていく。
    ③ 自分はからかうのをやめる。

    の3つのなかからできるものを選択させ，その行動をしたときの自分の感情を日記に書いて教師に提出させる。その子どものなかの変容を見て，E子の気持ちに寄りそっていけるように支援する。全員との面接では，いま困っていること，自分が最も楽しい時間などを聞く。長いと休み時間が減る，早く帰れない，と不満をもつので一人5分程度にする。学級に不満を抱いている場合は，じっくり聴いてあげることも必要である。

◆**担任教師のサポートのあり方，作戦会議の計画**

- 作戦会議には生徒指導主事や養護教諭にも参加してもらう。50代という年齢は教師として充実して経験が豊かなのと反比例して，自分の経験則のみをたよって柔軟性を失いがちだという危険性があることを自覚し，多様な考えを吸収していく姿勢を忘れない。

〔第4章：藤村一夫〕

## 第5章

ルールの不足している学級

# 1 学級をかき回す子どもがいる

### 本事例の学級の様子

　自己中心的な子どもに振り回され，学級生活のルールが崩れ，落ち着きが見られない。友達同士の言い合いやけんかが多くなり，やがて学級に対する不満やストレスを担任に向ける子どももでてきた。

### ■本事例のQ-Uプロット（基礎資料①）

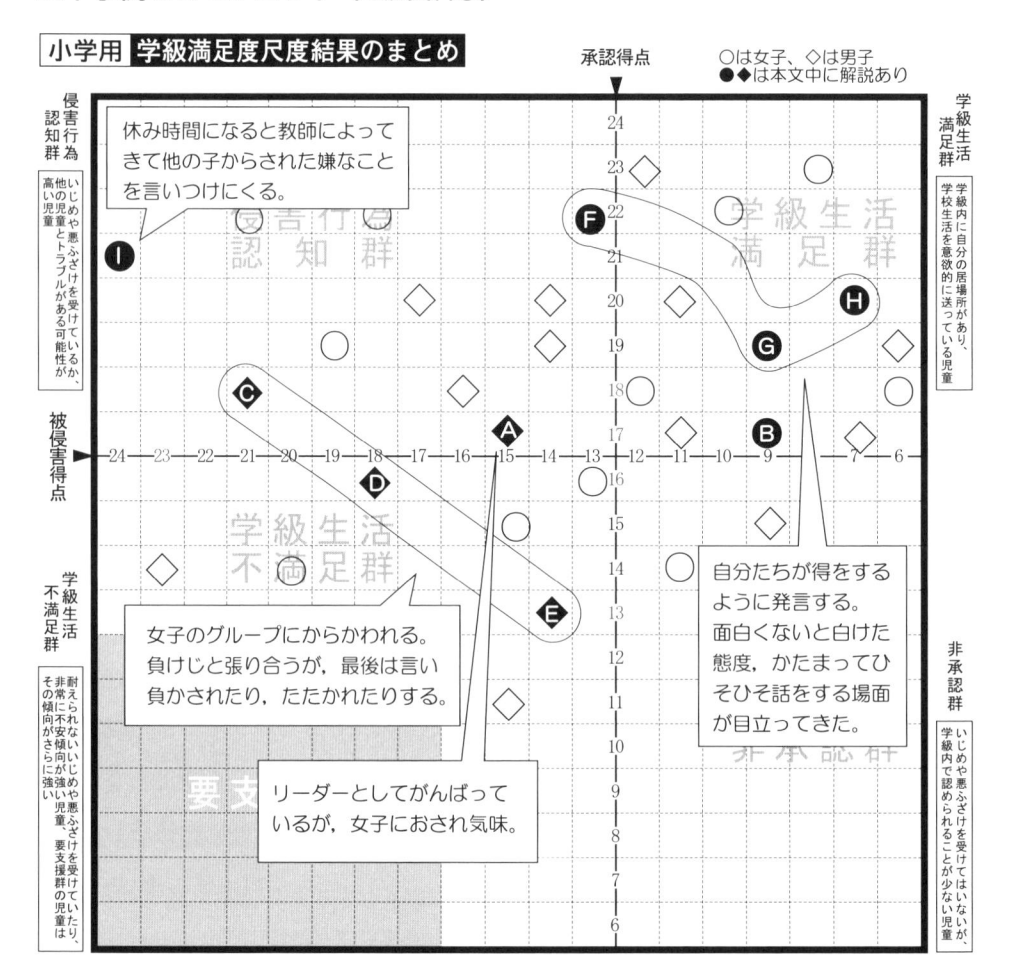

**小学用　学級満足度尺度結果のまとめ**

○は女子、◇は男子
●◆は本文中に解説あり

侵害行為認知群
　他いじめや悪ふざけを受けている可能性が高い児童とトラブルがある可能性が

学級生活満足群
　学級内に自分の居場所があり、学校生活を意欲的に送っている児童

学級生活不満足群
　耐えられない不安傾向がさらに強い児童、要支援群の児童は、その傾向に不安いじめや悪ふざけを受けていたり、非常に強い

非承認群
　いじめや悪ふざけを受けてはいないが、学級内で認められることが少ない児童

休み時間になると教師によってきて他の子からされた嫌なことを言いつけにくる。（●I）

女子のグループにからかわれる。負けじと張り合うが，最後は言い負かされたり，たたかれたりする。（C）

リーダーとしてがんばっているが，女子におされ気味。

自分たちが得をするように発言する。面白くないと白けた態度，かたまってひそひそ話をする場面が目立ってきた。

第 5 章　ルールの不足している学級

## 1.学級をかき回す子どもがいる

担任：30代女性

## ■事例提供者の報告（基礎資料②）

**学級集団の背景　　小学校5年生　人数32人（男子16人，女子16人）**
- 学校の特徴……郊外の中規模校
- 学級編成の状況（もち上がり等）……4月に学級編成がえをした。

**問題と感じていること**
- 一部の女子グループにふてくされたような態度。2,3人でかたまり，ひそひそ話をする場面が目立ち，他の子どもから，このグループに対して「怖い」などの訴えがでてきている。
- 全体的に行動が遅く，注意されても反抗的な態度をとる。

**学級の公的なリーダーの児童生徒（番号と簡単な説明）**
男子・・A男（リーダーとしてがんばっているが，女子におされ気味。）
女子・・B子（機転がきく。よく働く。）

**学級で影響力の大きい・陰で仕切るような児童生徒（番号と簡単な説明）**
女子・F子（物事に対する好き嫌いがはっきりしているので，自分の感情の波に周りを巻き込む。塾に行かされているが，本当は勉強嫌い。イライラしている。）

**態度や行動が気になる児童生徒（番号と簡単な説明）**
女子・I子（休み時間になると教師によってきて他の子からされた嫌なことを言いつけにくる。）

**プロットの位置が教師の日常観察からは疑問に感じる児童生徒（番号と簡単な説明）**
特になし（全員なんとなくわかる。）

**学級内の小グループを形成する児童生徒（番号と簡単な説明）**
男子・・C男，D男，E男（女子F子，G子，H子のグループにからかわれる。負けじと張り合うが，最後は言い負かされたり，たたかれたりする。）
女子・・F子，G子，H子（自分たちが得をするように発言する。面白くないと白けた態度，かたまってひそひそ話をする場面が目立ってきた。）

**4群にプロットされた児童生徒に共通する特徴**
満足群・・・・・おしゃべり好きでのりがいい子どもが多い。てきぱきしている。
非承認群・・・・控えめな子どもが多い。
侵害行為認知群・・からかわれることが多い。からかわれてかっとなったり，口げんかになったりすることもある。
不満足群・・・・班の中で注意されることが多い。

**担任教師の方針**
学級経営・・・子どもの個性を認めたい。いじめのない学級をつくりたい。
授業の展開・・たくさん発言させる機会をつくっている。

## ■アセスメント　基礎資料①②をもとにした，スーパーバイザーの見たて

### Q-Uプロットより
- **リレーションとルールのバランス**
  - リレーションもルールもだいぶ崩れ始めてきている段階。
- **集団の崩れの段階**……初期・中期・後期
- **その他**
  - 学級全体が緊張している。
  - 非承認群の子どもは「学級にいることがつまらない」と感じていると考えられる。

### 面接の記録より　※①
- 不安や葛藤を解消するための仲間関係ができているので本音の交流はしていない。とくに，女子に不満があり，他の子どもを引き下げるような言動（ひそひそ話，言いつけ）が生じている。
- 仲間関係が固定化し，男子と女子が対立する場面も見られる。
- 教師に向かって反抗することでまとまる傾向もでてきた。

### 総合的なアセスメント
- **集団変容の方向：＋・－**　　**●教師の指導行動：P優位・M優位・PM・pm**　※②
- 学級のルールづくりが弱かったため，子ども同士で友達を思いやって配慮するなどのかかわり方のマナーを知らないのではないか。
- それぞれが自分の思いを表現してきたのだが，伝え方が未熟だったり，意図がうまく伝わらなかったりして，トラブルが生じてきたのではないか。

↓

### ○対応の方針
- 集団生活のルールの再確認をし，教師がモデルを示しながら規律ある生活を構築する。
- 友達同士のトラブルを学級の問題をして考え，友達を傷つけないようなかかわり方を身につけさせる。

### ○当面の方針
- 簡単なルールから徹底して一つずつ守らせるようにする。
- ソーシャル・スキル・トレーニングを取り入れ，相手を傷つけないつき合い方を学ぶ。

※①面接では学級担任に「小グループは」「問題のある子どもは」「気になる子どもは」などグループやリレーションに関わる質問を通して観察・面接の記録を重ねる。
※②P優位とは，学習の促進と望ましい社会性を育成するという一貫した指導をして，子どもが管理的と感じる指導行動が強いタイプ。M優位とは，学級集団に対する適応や心情に配慮するという援助を重視して，子どもが友達みたいと思うタイプ。PMとは，心情に配慮した上で指導を行い，援助と指導のバランスがとれているタイプ。pmとは，PMと反対で指導も援助も乏しく，子どもからみて信頼感が低いタイプ。

## 第 5 章　ルールの不足している学級
### 1.学級をかき回す子どもがいる

■**対応策**　アセスメントを実現するための策。ここから選んで実施してください

◆**学年の連携の仕方（チームティーチング，合同授業等，担任教師の役割の明確化）**

- ルールについては学年で共通理解し，同一歩調で子どもに対応していく。同じ事柄でも許されるクラスと許されないクラスがないようにする。
- あらたまった会にこだわらず，機会をとらえ，学年担任や養護教諭・クラブ担当者等に「この子どもが気になる」と，自分の感情の波に周りを巻き込む子ども（F子）や，嫌なことをされると訴える子ども（I子）の，他の先生から見た様子など，情報を得，子どもを多面的に理解する。
- 学年の先生から，4月の学級開きで行われるさまざまなルールづくりについてアイディアをもらう（掃除のしかた，給食の準備の仕方など）。

◆**保護者への説明・協力体制のあり方**

- 学級通信で，クラスで取り組んでいるルールの再構築について保護者に知らせ，理解を得る。また，家でも落差のない対応をお願いする。
- 家庭訪問や期末個別懇談などで保護者と話す機会に，自分の感情の波に周りを巻き込む子ども（F子）の家庭での様子（とくに親とのかかわり方や，勉強が嫌いなのに塾に行かされる背景など）について情報を得る。

◆**担任教師の対児童へのリーダーシップのとり方のポイント**

- ルールの再構築
  ①「学級生活振り返りシート」（『学究崩壊　予防・回復マニュアル』P74）で意識調査
  ②クラスのよいところ，更によいクラスにするための改善点を話し合い，守っていきたいルールを1～2点決める。
  ③初めの1週間は，帰りの会で毎日振り返らせ，確認する。その後は2日おき・3日おきと間隔を置いて振り返らせ，定着を図る。
  ④3週間たったところで「自分への手紙」（自己評価）を書かせる。担任はそれに一人一人コメントを書き，早めにフィードバックする。
  ⑤この様子は学級通信で保護者に知らせ，対応について理解してもらう。
- 基本的な聞く態度，会話への配慮，話す態度を獲得させ，学級内のルールを確立する。
- 子どもの個性を認めつつも，からかいについては毅然と指導する。指導の前に，ルール（どんなことが許されないかなど）を確認しておくことが必要。
- 可能な限り活動の仕方のマニュアルを書いておく。そうすることによって，教師にとっ

ては指導に一貫性がもてるようになる。子どもにとっては活動がやりやすくなり，きちんと活動がなされているか，確認が容易なことから子ども同士で教え合うことも可能になる。学級全体のルールができあがってきたら，活動の仕方には例外があることを少しずつ教えていく（うまくできない子どもへの配慮）。
・子どもをよく観察し，「○○くんの○○がいいところだよね。」と具体的にほめる。初めは小さいことでもよい。子どもによっては（普段ほめられることが多い子，大人っぽい子），少しずつほめる内容をレベルアップさせていくことも必要。1週間単位で，どの子どもを中心にほめるかあらかじめ決めておけば，偏りがでることはなくなり，子どもからの不満もでない。これを通して教師が子どもを理解し，子ども同士も互いの良さに気づくようになる。ただし，高学年のなかには表立ってほめられることを嫌う子どももいるので，その場合は本人にだけ伝えたり匿名で良い点を紹介する方法をとるとよい。

◆**授業の進め方のポイント**
・指示や活動のルールを細かく具体的に示し，教師がモデリングしてから取り組ませる。例えば，指示をする際には，「教科書を出しなさい」ではなく，「教科書を机の真ん中に，10秒以内に音を立てずに置きなさい」というようであったり，それを競争ゲームにしたりするのもよい。
・望ましくない行動をとりやすい子どもには，叱らずにやり方を個別に教え，事前に「ルールに従えないときは，○○してもらう。」と契約しておく。
・活動の終わりには，ルールについて「振り返り」を行い，守れたかどうかを自己評価させたり，「ルールを守ると活動が楽しくできた。」「○○さんの聞く態度で，こんなところが気持ちよかった。」など，互いに認め合う楽しさを学級全体で共有したりする。
・担任自身，授業の開始時刻，終了時刻を守り，テンポのよい授業を心がける。
・授業では時間を意識して活動させる。例えば，活動の終了時刻を予告する，3分間テストを取り入れるなど。
・簡単な質問についてノートに自分の考えを書かせ（極端な場合は，賛成は○反対は×でもよい），列指名をしていくなどが考えられる。それを教師が名前カードなどを使いながら板書していき，それぞれの考えとして板書のなかに位置づけ，理由やだれかの考えへの賛否を尋ねることでふくらみをもたせ，価値をつける。

◆**学級活動の展開のポイント（朝，帰りのホームルームも含めて）**
・みんなで楽しめるゲーム（例，「砦をくずせ」「陣取りゲーム」）を行い，集団の凝集性

## 第5章　ルールの不足している学級
### 1.学級をかき回す子どもがいる

（われわれ意識）を高める。

- 学級のルールづくりを子どもたちと行う。例えば，もっと居心地のよい学級にするための「お助けボックス」を設置し，言われて嫌だったこと，されて嫌だったことなどのアンケートをとり，その結果を全体で検討し，ルールをつくる。最初は，簡単で実行できそうなルールから取り組み，評価し，達成したときは「お楽しみゲーム」などを行うのもいい。
- 友だちを傷つけないような聞き方，話す態度のスキルトレーニングを具体的な場面を取り上げて練習したり，ゲームのなかで練習したりさせる。例えば，朝の会，あるいは帰りの会で行う1分間スピーチを，○○さんカードに記入しながら聞き取らせ，月の終わりに，「いま，ビーズ作りにはまっている人はだれでしょう」とゲーム性を取り入れながら行う。
- 班がえや席がえを定期的に行うのではなく，ある課題をクリアできたら行うことにする。その課題は子どもたちと話し合って決めるが，集団として高まって欲しいという教師の願いのもとに，個のがんばりではなく，集団としてのがんばりでクリアできるものにする。（例―掃除を2週間きちんとできたら，班全員1週間忘れ物がなかったら，など）

◆給食・掃除の時間の展開のポイント

- 給食の後片づけや掃除の後始末など，手を抜いたり人まかせになったりしがちなことについて担任が時々チェックする。ルールの徹底を図る。
- 時間のルールやリーダーの指示を守らせる。リーダーが指示を出したときには教師も「リーダーが注意しているよ。みんなで守ろう。」と声をかけるようにする。

◆時間外（休み時間・放課後）に必要な対応（個別面接・補習授業等）

- F子には意識して声をかけたり，手伝いを頼んだりする。感謝の気持ちを伝え，タイミングをみて2人だけの秘密（シールやノートのご褒美）のようなものをつくる。

◆担任教師のサポートのあり方，作戦会議の計画

- 若いので，なれ合いにならないようなルールの確立方法や集団遊びの方法を助言する。
- 女子グループが担任に強く反発するようなときは，養護教諭から女子グループの話を聞いてもらうようにする。
- 女の子に対して個別面接が必要な場合が出てくるので，養護教諭にも時々学年会議に出席してもらう。

第 5 章

ルールの不足している学級

## 2 不登校傾向の子どもがいる

### 本事例の学級の様子

いたずらや悪ふざけをする子どもが多くなり，不登校傾向の子どもも同時に現れた。担任は一人一人の対応に四苦八苦しているが，集団のまとまりがつかず，学級は騒々しい状態になっている。

### ■本事例のQ-Uプロット（基礎資料①）

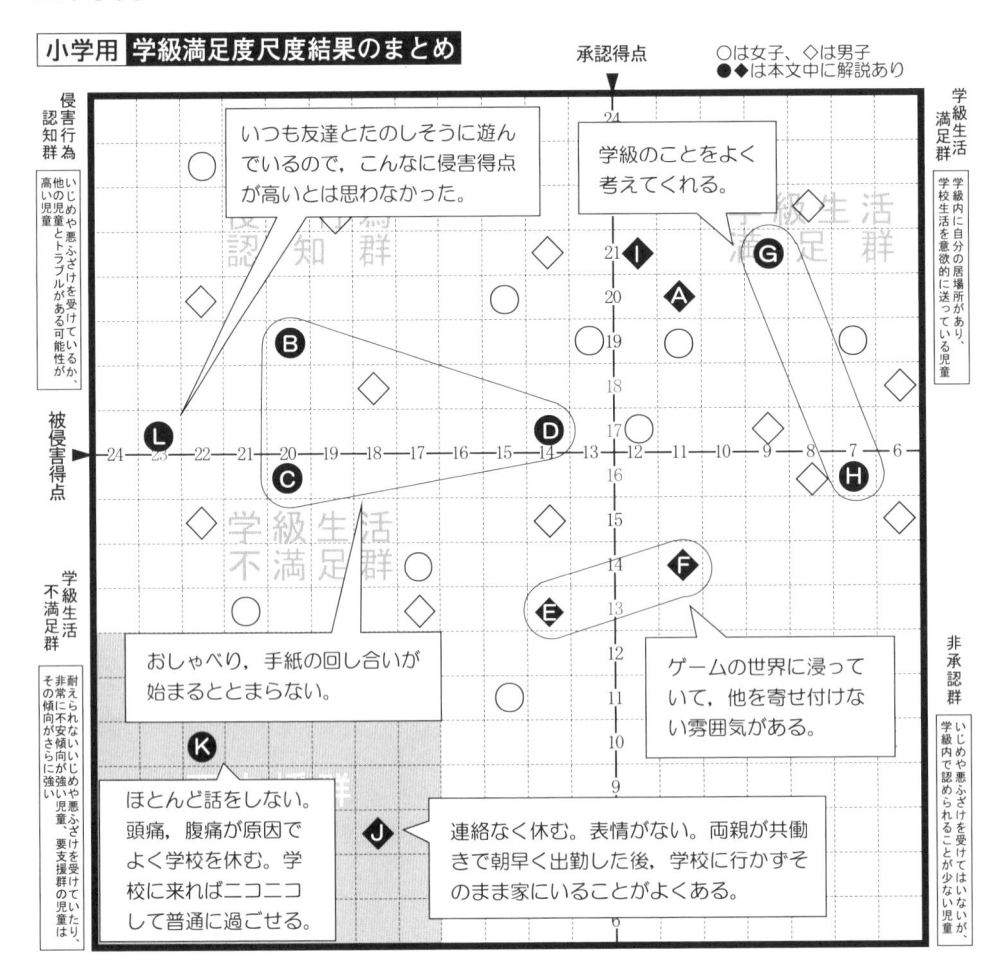

**小学用　学級満足度尺度結果のまとめ**

〇は女子，◇は男子
●◆は本文中に解説あり

侵害行為認知群：いじめや悪ふざけを受けているか，他の児童とトラブルがある可能性が高い

学級生活満足群：学級内に自分の居場所があり，学校生活を意欲的に送っている児童

学級生活不満足群：いじめや悪ふざけを受けていたり，非常に耐えられない不安傾向がさらに強い児童，要支援群の児童は，その傾向がさらに強い

非承認群：いじめや悪ふざけを受けてはいないが，学級内で認められることが少ない児童

- いつも友達とたのしそうに遊んでいるので，こんなに侵害得点が高いとは思わなかった。
- 学級のことをよく考えてくれる。
- おしゃべり，手紙の回し合いが始まるととまらない。
- ゲームの世界に浸っていて，他を寄せ付けない雰囲気がある。
- ほとんど話をしない。頭痛，腹痛が原因でよく学校を休む。学校に来ればニコニコして普通に過ごせる。
- 連絡なく休む。表情がない。両親が共働きで朝早く出勤した後，学校に行かずそのまま家にいることがよくある。

第 5 章　ルールの不足している学級
2．不登校傾向の子どもがいる

## ■事例提供者の報告（基礎資料②）　　　　　　　　　　　　　担任：20代後半女性

### 学級集団の背景　　小学校6年生　人数34人（男子17人，女子17人）
- 学校の特徴……都市部の小規模校
- 学級編成の状況（もち上がり等）……5年生からのもち上がり学級

### 問題と感じていること
- いたずら，悪ふざけをする子ども，それを面白がる子どもが増えてきた。
- 不登校傾向の子どもがでてきた。
- 掃除，給食の時間が守れず，当番をサボる子どもがいる。

### 学級の公的なリーダーの児童生徒（番号と簡単な説明）
男子・・A男（人前でパフォーマンスするのが大好き。立候補してリーダーになった。）
女子・・G子（しっかりしている。スポーツが得意。）

### 学級で影響力の大きい・陰で仕切るような児童生徒（番号と簡単な説明）
男子・・I男（いたずら好きでいろいろないたずらをしかける。みんなが面白がり，この子が何かすることを期待するので，はりきる。）
女子・・B子（おしゃべりが多い。注意をしてもそのときだけ黙って，またすぐに始まる。友だちの話に割り込んで自分の話をする。）

### 態度や行動が気になる児童生徒（番号と簡単な説明）
男子・・J男（連絡がなく休む。表情がない。両親が共働きで朝早く出勤した後，学校に行かず，そのまま家にいることがよくある。）
女子・・K子（ほとんど話をしない。頭痛，腹痛が原因で，よく学校を休む。学校に来れば，ニコニコして普通にすごせる。）

### プロットの位置が教師の日常観察からは疑問に感じる児童生徒（番号と簡単な説明）
女子・・L子（いつも友達と楽しそうに遊んでいるので，こんなに侵害得点が高いとは思わなかった。）

### 学級内の小グループを形成する児童生徒（番号と簡単な説明）
男子・・F男，E男（ゲームの世界に浸っていて，他を寄せつけない雰囲気がある。）
女子・・G子，H子（学級のことをよく考えてくれている。）
　　　　B子，C子，D子（おしゃべり，手紙の回し合いが始まるととまらない。）

### 4群にプロットされた児童生徒に共通する特徴
満足群・・・・・目立ちたがり屋が多く積極的。当番を他の子どもに押しつけることもある。
非承認群・・・・静かな子どもが多い。
侵害行為認知群・自分勝手な行動をする子どもが多い。当番活動を平気でサボる。
不満足群・・・・休みがちの子ども，友だちとのかかわりが上手ではない子どもが多い。

### 担任教師の方針
学級経営・・・明るく，楽しく，仲がよく，勉強・スポーツの好きな学級が目標。
授業の展開・・楽しい授業になるように子どもの興味を大切にしている。

## ■アセスメント　基礎資料①②をもとにした，スーパーバイザーの見たて

### Q-Uプロットより

●リレーションとルールのバランス
- リレーションが崩れ始めている。
- ルールはかなり崩れている。

●集団の崩れの段階……初期・中期・後期
●その他
- 要支援群に子どもがいて，学級の雰囲気になじめずに不適応傾向になっている可能性が考えられる。
- 承認得点のかなり低い子どもは，認められない不満を抱えている可能性がある。

### 面接の記録より

- 学級の雰囲気が騒がしくなってきているので，対人関係を苦手としたり，不安が強い子どもが不登校になり始めている。
- グループの人間関係が閉じていて，互いのグループの交流がない。
- 明るいこととふざけることを混同している子どもがいる。
- ルールがくずれているが，教師はどうしたらよいかわからない状況である。

### 総合的なアセスメント

●集団変容の方向：＋・－　●教師の指導行動：P優位・M優位・PM・pm

- 元気で活発な子どもに合わせて授業や学級活動を展開してきたが，その雰囲気を好まないおとなしい子どもがいづらくなり，不登校となって現れてきたのではないか。
- 子ども同士が互いに関わるためのルールづくりをしてこなかったのではないだろうか。

⬇

### ○対応の方針
- 周りの教師が多くの場面で支援しながら，最低限必要なルールを見直して学級経営にあたる必要がある。

### ○当面の方針
- 集団生活の簡単なルールを再構築する。教師自身が子どもにモデルを示すことが必要である。不登校傾向の子どもには他の教師の協力を得て，家庭と連絡を密にして対応していく必要がある。

■**対応策**　アセスメントを実現するための策。ここから選んで実施してください

◆**学年の連携の仕方（チームティーチング，合同授業等，担任教師の役割の明確化）**

・高学年なので，可能であれば教科交換などをし，複数の目で学級の子どもたちの様子を見てもらうことも必要であろう。担任以外の教師の前では，違った面を見せる子どもも多いと思われる。また，他の教師がどのようにしてルールをつくっているのか，TT（チームティーチング）授業などをしながら見て学ぶことも必要になってくると思われる。

・欠席児童がでた場合の対応について，生徒指導主事を中心とした生徒指導委員会を開き，どのような登校刺激をあたえるのかあたえないのか，あるいは迎えに行くのか，行くとしたらだれが行くのか，担任が迎えに行った場合の補教体制はどうするのかなど，かなり細かく対応を決めておく。担任は教室での指導を中心に行えるように配慮する。

◆**保護者への説明・協力体制のあり方**

・総合学習の時など，学習参加として，広く保護者に協力を呼びかける（教育サポーター的役割を担ってもらう）。参加してもらうことで，担任教師の人となりや苦労も理解してもらうことができ，批判ではなく，協力的な立場に立ってもらうことができる。また，他の子どもにも，自然と目がいくようになり，一緒に子どもたちの成長にかかわっていこうとする意識が芽生える。卒業に向けて，保護者に学習にかかわってもらうことは，大切なことである。

・学級通信で，現在取り組んでいる学級会の様子などを知らせる。トピックス的に，こんなことでちょっと困っていると，さらりと協力をお願いしておく。忘れ物対策についても，きちんと対応をお願いしておきたい。

・J男，K子の保護者とは個別面談をする必要がある。希望があれば，専門機関へ紹介もする。

◆**担任教師の対児童へのリーダーシップのとり方のポイント**

・必要最低限のルールを，子どもたちと決める（授業を妨害しないための）。決めたら，担任教師がまず毅然とした態度でそれを守っていく。子どもたちにも，きちんと守らせる。

・授業中と放課後・休み時間のメリハリを大切にしていく。強い力で指導するのではないが，子どもたちにもけじめをつけて教師に接する態度を，きちんと話していきたい。教師自らが，丁寧な言葉や態度で子どもに接することが大切である。

・指導するときには,「なぜいけないのかの理由」,「私はこう感じている」と自己開示しながら, 説得的に「私は」を主語にして指導する。その子どもの行動に対して注意をする。また, 子どものがんばりを小さなことでもほめる。
・時間厳守を教師自ら実行。(授業開始・終了)

◆**授業の進め方のポイント**

・6年生なので, Q－Uの結果を, わかりやすい形で子どもたちに知らせ,「先生は, このような学級の状態で最後の1年をすごすのは嫌だ。」「もっといい学級(みんなが居心地のよい学級)にしていくには, どうすればいいのか」と, 子どもたちに問いかける。一人一人がどんな学級にしていきたいのか, そのためには, 自分は何ができるのかを紙に書いてもらう。その後, 学級のルールや, 学級目標をみんなで相談していく。学級目標は, お題目にしないためにも, 具体的なものにしていく。子どもたちは, 一人一人がよりよい学級にしていきたいという思いをもっているし,「自分達で学級を変えることができる」ということがわかれば, その子なりにできることに挑戦していくものである。

・6年生なので, 運動会, 文化祭など, 学校全体の行事にかかわる機会も多いと思われる。それをチャンスととらえ, 一人一役制度を取り入れ, みんなで力をあわせてやり遂げる経験をさせる。

・まじめに取り組む子どもが, 大切にされる授業を心がける。けっして多く発言するわけではないが, こつこつ努力を重ねている子ども。一生懸命取り組んでいる子どもを見逃すことなく, きちんと認め, ほめていく。

・プリント学習を中心に進める。真面目に取り組んでいる子どもに光をあて認める。満足群に対しては, 勝手な行動を助長させないように気をつける。また, 授業中の手紙回しは控えるように事前に個別指導を加えておく。

・授業のルールを確認する。話を静かに聞く, 相手の気持ちになって聞くなど, ソーシャル・スキル・トレーニングを取り入れた指導を行う。ロールプレイなどを通して, 悪ふざけと明るさの違いや, 受ける人の気持ちについて考えさせる授業を行う。

◆**学級活動の展開のポイント(朝, 帰りのホームルームも含めて)**

・「自分たちのことは, 自分たちでやる」のではなく,「自分たちのことは, 自分たちで決める」を合い言葉に, 学級は, みんなでつくっていくのだということを伝えていく。必要なルールを子どもとともにつくる。だれもが守れるルールから始め, 守れたかどうかを確認し, 守れたら評価する。守れなかったら, どうしたら守れるかを再度話し合う。

- 一斉読書として教師も子どもたちも，好きな本を1冊持ってきて，本を読む時間から始めてもいい（毎日，みんなで読む。時間になったらきちんとやめる。などのルールをきちんと設定する）。落ち着いた雰囲気で授業に入ることができるし，朝，登校しぶりなどで遅れがちな子どもも，活動が決まっているので，さっと抵抗なく学級に入ることができる。
- 時間を長くかけない。説教じみた話を長々とはしないが，注意と守るべきことはきちんと伝える。

◆**給食・掃除の時間の展開のポイント**
- がんばりカードなどを作り，班長を全員に経験させてみる。がんばりカードの項目は，みんなが力を合わせないとできないものを選ぶ（個人攻撃にならないように）。
- 掃除当番表を細かく分担し，だれがどこをやるのかを明確にし，責任をもたせる。終わったあとに確認し，できていなかったら，放課後やり直すなどをさせる。教師も一緒に掃除をし，一人一人に声をかける。小さなこと，何気なくやっていることをほめる。雑巾のしぼり方，ふき方，ごみの捨て方など。「ありがとう」，「きれいになったね」という教師の気持ちを伝えることで，自分たちがきれいにしているという気持ちを育てていく。

◆**時間外（休み時間・放課後）に必要な対応（個別面接・補習授業等）**
- K子，J男に関しては，養護教諭にも対応をお願いしていく。とくに，K子に関しては，人間関係などに大きな不安と緊張をもっていることが予想されるので，保健室で身体の不調を見てもらいながら，ゆっくり話をし，心をほぐしてもらう。J男に関しては，家庭でどんな様子なのか，場合によっては家庭訪問の必要が出てくる。
- 女子G子を中心にして，学級の建て直しを。とくに女子に相談をもちかけてみる。

◆**担任教師のサポートのあり方，作戦会議の計画**
- J男とK子への指導をきめ細やかにアドバイスする。

# 第5章

ルールの不足している学級

## 3 個別的な配慮が多く必要な子どもがいる

**本事例の学級の様子**

問題を抱え，個別に援助が必要な児童が多く見られ，全体への指導と個別の指導のバランスがうまくとれず，ルールが乱れて，騒然とした雰囲気になっている。

### ■本事例のQ-Uプロット（基礎資料①）

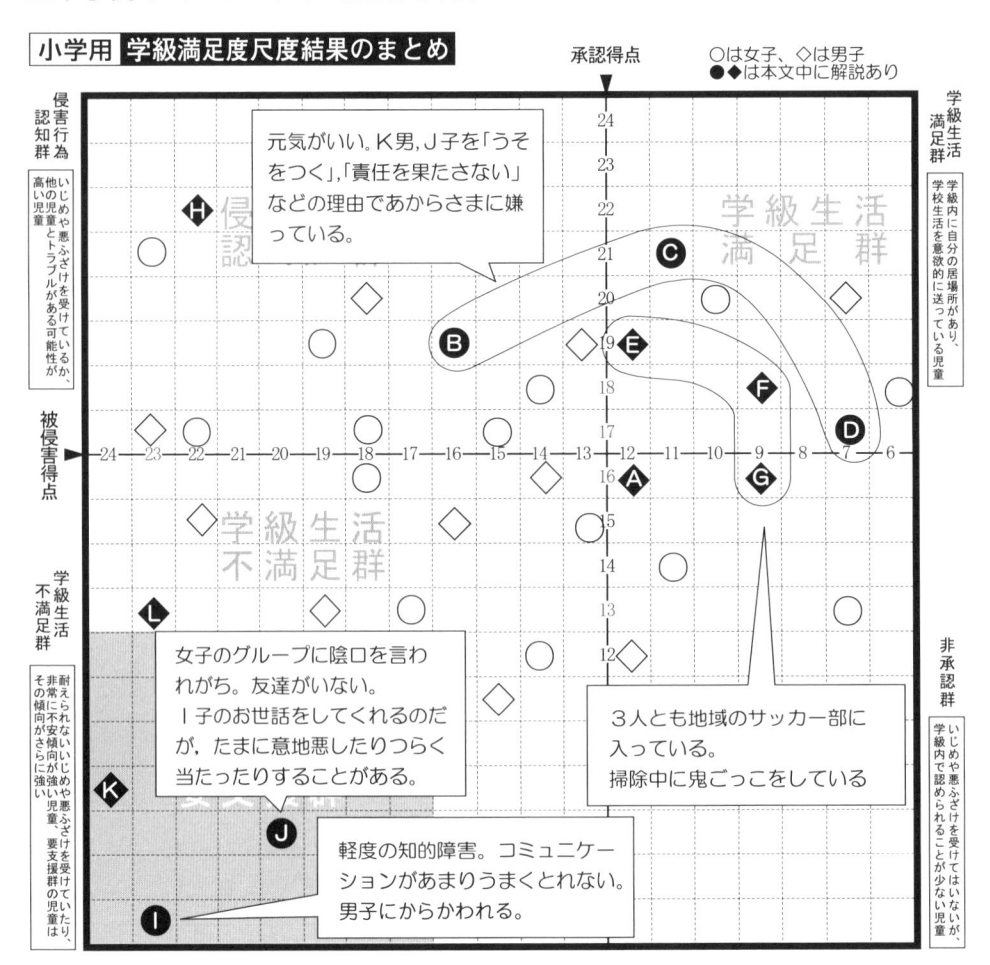

**小学用** 学級満足度尺度結果のまとめ

○は女子、◇は男子
●◆は本文中に解説あり

（プロット図）

- 侵害行為認知群（高他の児童にいじめや悪ふざけを受けているか，トラブルがある可能性が高い児童）
- 学級生活満足群（学級内に自分の居場所があり，学校生活を意欲的に送っている児童）
- 被侵害得点
- 承認得点
- 学級生活不満足群（耐えられない不安・いじめや悪ふざけを受けていたり，その傾向がさらに強い児童，要支援群の児童は非常に不安な傾向が強い児童）
- 非承認群（いじめや悪ふざけを受けてはいないが，学級内で認められることが少ない児童）

吹き出し：
- 元気がいい。K男，J子を「うそをつく」「責任を果たさない」などの理由であからさまに嫌っている。
- 女子のグループに陰口を言われがち。友達がいない。Ｉ子のお世話をしてくれるのだが，たまに意地悪したりつらく当たったりすることがある。
- 3人とも地域のサッカー部に入っている。掃除中に鬼ごっこをしている
- 軽度の知的障害。コミュニケーションがあまりうまくとれない。男子にからかわれる。

## 3. 個別的な配慮が多く必要な子どもがいる

**■事例提供者の報告（基礎資料②）**　　　　　　　　　　　　　担任：50代前半男性

**学級集団の背景　　小学校4年　人数35人（男子17人，女子18人）**
・学校の特徴……郊外の大規模校
・学級編成の状況（もち上がり等）……学級は3年生からのもち上がり。

**問題と感じていること**
・個性が強い子どもが何人かいて，それらの子どもへの対応，それらの子どもと周りの子どもとのかかわらせ方がむずかしくなってきた。
・学級活動への取組みに対して子どもたちのやる気が落ちてきたように感じる。

**学級の公的なリーダーの児童生徒（番号と簡単な説明）**
男子・・A男（しっかりしている。）
女子・・B子（運動能力，学力ともに高い。）

**学級で影響力の大きい・陰で仕切るような児童生徒（番号と簡単な説明）**
男子・H男（マイペース。みんなで活動しようとするときに「やりたくない」「つまらない」と，学級の雰囲気をもりさげることがある。）

**態度や行動が気になる児童生徒（番号と簡単な説明）**
男子・・L男（被害者意識が強く，注意されるとにらんだり，友達の大切にしている物を壊して仕返ししたりする。学級で作ったオブジェも壊してしまった。学力が低い。）
女子・・I子（軽度の知的障害。コミュニケーションがあまりうまくとれない。男子＜E男，F男，G男＞にからかわれる。）
　　　　J子（女子のグループ＜C子，M子，N子＞に陰口を言われがち。友達がいない。I子のお世話をしてくれるのだが，たまに意地悪したり，つらくあたったりすることがある）

**プロットの位置が教師の日常観察からは疑問に感じる児童生徒（番号と簡単な説明）**
特になし（全員なんとなくわかる）

**学級内の小グループを形成する児童生徒（番号と簡単な説明）**
男子・・E男，F男，G男（3人とも地域の少年サッカーチームに入っている。掃除中に鬼ごっこをしている）
女子・・C子，B子，D子（元気がいい。J子，K子を「うそをつく」「責任を果たさない」などの理由であからさまに嫌っている。）

**4群にプロットされた児童生徒に共通する特徴**
満足群・・・・・・仲のよい友だちグループをもっている子どもが多い。
非承認群・・・・・おとなしい子どもがいる。
侵害行為認知群・・けんか，トラブルが多い子どもが多い。
不満足群・・・・・友達にかかわれない子どもが入っている。

**担任教師の方針**
学級経営・・・明るい学級，けんかのない学級にしたい。
授業の展開・・普通の授業。

■ **アセスメント** 基礎資料①②をもとにした，スーパーバイザーの見たて

### Q-Uプロットより

● リレーションとルールのバランス
・弱いリレーションであったのが，より崩れ始めてきている。
・ルールもだいぶ崩れ始めている段階。

● 集団の崩れの段階…… 初期・ 中期 ・後期
● その他
・満足群と非承認群に子どもが集中しており，学級生活に満足している子どもから，学級内で存在感を感じられない子どもまで，階層化している。

### 面接の記録より

・グループ間の階層化，グループ内の階層化が進みつつある。
・あちこちでいじめがかなり発生してきている。

### 総合的なアセスメント

● 集団変容の方向：＋・ －   ● 教師の指導行動：P優位・ M優位 ・PM・pm
・子ども同士の人間関係づくり，互いのことを理解するような活動を意図的に行ってこなかったために，あちこちでいじめが発生してきていると考えられる。
・みんなが居心地よく生活するためのルールを定着させる活動をしてこなかったのではないだろうか。
・学級で取組みを行っても収拾がつかず，達成感を味わえないままになっており，協力してやり遂げたという充実感がない状態である。

⬇

### ○対応の方針
・他学級と連携し，合同授業や交換授業を行い，ルールの確認と統一を図る。
・個別的配慮の必要な子どものストレスや不満を理解し，他の教師と協力体制をしいて指導にあたる。

### ○当面の方針
・子どもとルールの確認をし，いじめを許さない雰囲気をつくり出す。
・個別指導を多くし，学習権の保障をする。

## 3.個別的な配慮が多く必要な子どもがいる

■**対応策**　アセスメントを実現するための策。ここから選んで実施してください

◆**学年の連携の仕方（チームティーチング，合同授業等，担任教師の役割の明確化）**

・軽度発達障害の子どもがいることから，特殊学級担任・学年・専科・養護教諭・管理職を含めてコンサルテーションを開き，Ｉ子への援助方針，学級集団への援助方針を立て，教職員同じ体制で取り組む。

・Ｌ男・Ｊ子は養護教諭からの援助をお願いする。

・大規模校なので，学年合同の授業や，教科ごとの学年各担任の教科担任制（教科担当）の交換授業などを取り入れて，多くの教師に学級の状況を見てもらう。

・学年会で児童理解の研修をする。そのために授業交換や１グループ単位での給食交流や清掃交流を実施する。そのなかでＨ男及び要支援群の子どもの良さを取り上げていく。

◆**保護者への説明・協力体制のあり方**

・Ｉ子に対して，保護者との連携を密にする。コミュニケーションのとり方・学習の得意スタイルなど保護者からの情報を収集する。いじめ被害を受けると二次障害の心配があるため，家庭での様子など連絡を取り合う。

・保護者が，学級の状況をどう見ているのか，可能な範囲で情報収集をする。

◆**担任教師の対児童へのリーダーシップのとり方のポイント**

・いじめなどについて，その場をとらえて，自分はこう思うと自己開示しながら毅然とした態度で指導する。

　①まず教師はみんなが安心してすごせるための学級ルールの確立を図ることが先決。Ａ男，Ｂ子の公式リーダーの良さを取り上げ，彼らの正義感に訴えていくことも一つの方法。

　②Ｌ男，Ｉ子，Ｊ子，Ｋ子の要支援群は，家庭とも連絡を取り合いながら個別対応を多く取り，彼らの良さを全体に広げる工夫をする必要がある。

◆**授業の進め方のポイント**

・授業は個々で取り組めるプリント学習を準備する。その際，取り組みやすいプリント（個に応じた）から段階を追って数枚準備し，達成感を味わえるように工夫する。１枚でもできたことを認めていく。

・友だちや先生の話を聞いたり，友だちを傷つけないように話したりするなど，人とのかかわりの基本的なスキルを身につけさせる。

・週に１回学級活動や体育の時間を使って，エンカウンターのエクササイズのなかで体を

使ったエクササイズを実施していく。その際，エクササイズのねらいとルールを明確にして実施する。授業後，ルールを守って実施できたことをほめる。また，ルールを守ることにより，楽しく活動できることを確認する。

・小グループが固定化しないように，いろいろな子どもたちとふれあえるグループをつくって，活動するような授業にする。まずは2人組から始めて，多くとも4人組くらいまで。グループごとに作品などができれば，展覧会を開くなどして，教師がどのグループにも良い点を認めるコメントをつける（子どもたちが各々の良さに目を向けられるように）。

・リレーションがついてくれば，学年で学級対抗の活動などを企画し，全員が一つの目標や目的で一つにまとまれるような体験（活動）をさせたい。

・15分～20分くらいの短時間で完結する学習活動を多く取り入れ，その学習の成果が形に表れるようにする（＝目標＜評価基準＞を低く設定する）。自己評価，相互評価を取り入れる（できるだけプラスの方向で）。

・侵害行為認知群や不満足群が興味関心を示すような授業（とくに導入の5分間）を目指すとともに，学習に必要な最小限のルールを子どもとともに決めていく。

・国語，算数の時間には10～15分の個別学習の時間を確保し，一人一人との会話を試みる。また，学習カードを活用して子どもの自己評価に寄りそう内容のコメントをそえてリレーションづくりを図る。

**◆学級活動の展開のポイント（朝，帰りのホームルームも含めて）**

・「学級の中で困っていること」を無記名で書かせ，子どもたちに提示し，最低限のルールを3つ決める。

・2大勢力（B子，C子，D子のグループとE男，F男，G男のグループ）と担任とのリレーションをつくるために，いいなりになったり，押しきられたりするのではなく，彼らが不満足群の子どもたちのさみしさやつらさに共感できる場を教師との話し合いの中でつくる。

・日記なり学習カードなりを利用して一人一人に担任のあたたかい言葉がけを連続的にかけていく。

**◆給食・掃除の時間の展開のポイント**

・掃除場面では，一人一人の役割を明確にして，だれが何をしたかを確認し，一人一人できたことをほめていく。

- 給食，準備と片づけのときの子どもの様子に着目する（清掃も同様）。そのとき，地道に仕事をしている目立たない子どもを見つけて賞賛する。
- 小グループで仕事を分担し，責任ある仕事ができた小グループ全員を賞賛する。
- 担任はもちろん，どの子どもよりも熱心に真剣に掃除に取り組む。

◆**時間外（休み時間・放課後）に必要な対応（個別面接・補習授業等）**
- とくにＨ男，Ｌ男，Ｊ子の感情に視点をあて，面接を行う。
- 学習面で援助を必要としている子どもへの個別指導をする（できれば学習時間内にさりげなくできるとよい）。
- 不満足群に入っている子どもの気持ちを十分に聴くようにする。また，不満足群に入っている子どもたちをいじめている子どもたちの気持ちも十分に聴き，相手の立場についての理解を促す。
- 小グループの実態把握に努める。どんなグループがどこでどんな遊びをしているのかを知ることからまず始める。

◆**担任教師のサポートのあり方，作戦会議の計画**
- 他の教師から見える，このクラスの子どもの担任には見えていない良さを伝えていく。
- 担任が心を開けるアドバイザーなりカウンセラーを配置したい。50代という年齢を配慮した対応が必要と思われる。

〔第5章：藤村一夫〕

## 第6章

リレーション・ルールの不足している学級

# 1 学級をかき回す子どもがいる

### 本事例の学級の様子

　個別配慮が必要な子どもが多くいたために、3年生時にはそれらの子どもに個別に対応した。しかし、そのために学級集団の育成に力が入れられなかったために、学級内のルールがつくられず、勝手な行動をとる子どもが増えてきた状態である。

### ■本事例のQ-Uプロット（基礎資料①）

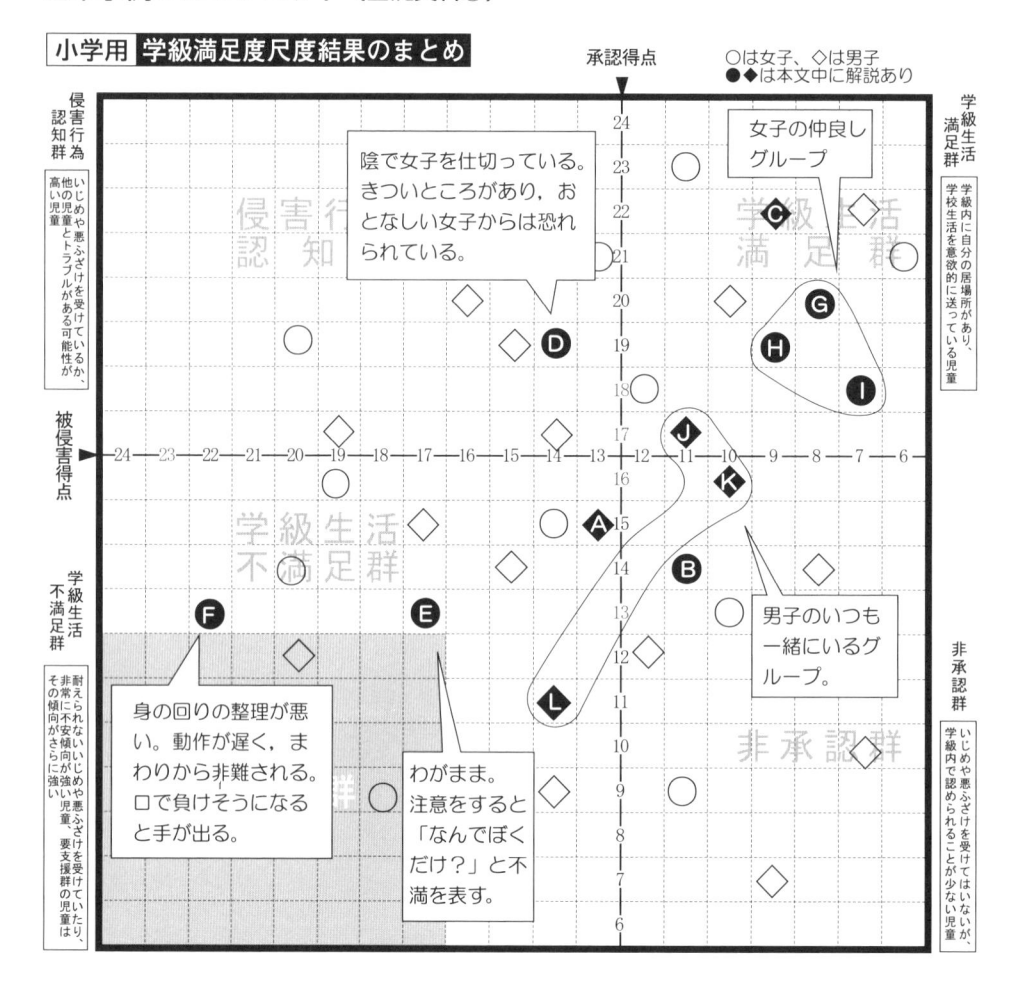

**小学用　学級満足度尺度結果のまとめ**

○は女子、◇は男子
●◆は本文中に解説あり

- 陰で女子を仕切っている。きついところがあり、おとなしい女子からは恐れられている。（D）
- 女子の仲良しグループ（G, H, I）
- 男子のいつも一緒にいるグループ。（J, K, B, L）
- 身の回りの整理が悪い。動作が遅く、まわりから非難される。口で負けそうになると手が出る。（F）
- わがまま。注意をすると「なんでぼくだけ？」と不満を表す。（E）

侵害行為認知群：他の児童にいじめや悪ふざけを受けている可能性があるか、いじめや悪ふざけを受けていたり、トラブルがある可能性が高い児童

学級生活満足群：学級内に自分の居場所があり、学校生活を意欲的に送っている児童

学級生活不満足群：耐えられない、非常に不安傾向がさらに強い児童、要支援群の児童は

非承認群：いじめや悪ふざけを受けてはいないが、学級内で認められることが少ない児童

第 6 章　リレーション・ルールの不足している学級

## 1.学級をかき回す子どもがいる

### ■事例提供者の報告（基礎資料②）　　　　　　　　　　　　担任：40代女性

**学級集団の背景　　小学校4年生　人数37人（男子19人，女子18人）**
- 学校の特徴……都市部中規模校
- 学級編成の状況（もち上がり等）……3年生からのもち上がり。

**問題と感じていること**
- 授業中に立ち歩いたり，突拍子もないことをしたりする子どもへの指導がわからない。
- イライラしていたり，不満をもっていたりする子どもが多いと感じる。一人一人にどうかかわればよいのかわからない。

**学級の公的なリーダーの児童生徒（番号と簡単な説明）**
男子・・A男（投票で選ばれて学級委員になった。まじめで勉強ができることで一目置かれている存在。）
女子・・B子（几帳面で，係の仕事や当番などの仕事はてきぱきとこなすタイプ。）

**学級で影響力の大きい・陰で仕切るような児童生徒（番号と簡単な説明）**
男子・・C男（元気がよく，声が大きい。自分の意見をはっきりと言うので，周りもついていっている。）
女子・・D子（陰で女子を仕切っている。性格的にはきついところがあり，おとなしい女子からは恐がられている。）

**態度や行動が気になる児童生徒（番号と簡単な説明）**
男子・・E男（マイペースでわがまま。注意すると「何でぼくだけ？」と不満を表す。）
　　　　F男（身の回りの整理が悪い。動作が遅く，周りから非難される。口で負けそうになると手が出る。）
女子・・D子（教師の前ではよい子であるが，弱い子にはきつくあたるところがあり心配している。）

**プロットの位置が教師の日常観察からは疑問に感じる児童生徒（番号と簡単な説明）**
男子・・L男（いつも一緒にいる友達もいて，学級生活に問題はないように思えるのに，なぜこの位置にいるのかわからない。）

**学級内の小グループを形成する児童生徒（番号と簡単な説明）**
満足群・・・・・仲のよいグループがあって，楽しそうに生活している。
非承認群・・・・おとなしく，活気がない。
侵害行為認知群・・周りに合わせることなくマイペースで生活している。
不満足群・・・・教師にあまりかかわってこない子どもと，不平不満を訴えてくる子ども。

**4群にプロットされた児童生徒に共通する特徴**
満足群・・・・・勉強ができ，元気に生活している子どもが多い。
非承認群・・・・活気がなく，授業中の発言が少ない。
侵害行為認知群・・勉強ができるが，不平不満を言う。
不満足群・・・・勉強が苦手で，生活面でも配慮が必要な子ども。

**担任教師の方針**
学級経営・・・子ども同士が仲よく，のびのびと生活できる学級をめざしている。
授業の展開・・子どもが意欲をもって取り組む授業になるように工夫している。

## ■アセスメント 基礎資料①②をもとにした，スーパーバイザーの見たて

### Q-Uプロットより
● リレーションとルールのバランス
- 学級全体のルールは失われてきて，不平不満がたまり，侵害行為やトラブルが起こりやすい状況になっている。

● 集団の崩れの段階…… 初期・|中期|・後期

● その他
- 似た者同士の小グループがたくさんできている可能性が考えられる。

### 面接の記録より ※①
- 学級内に小グループがたくさんあり，互いにあまりかかわりをもたないで生活している。いざこざが起きやすい状態。
- 子どもの自主性を尊重して，細かいルールやマナーの指導が不足したために，身勝手な言動や相手を傷つける言動があたりまえになってきている。
- 教師の指導に一貫性がないため，指導に納得せず，不平不満がたまっている。

### 総合的なアセスメント
● 集団変容の方向：＋・|－|　● 教師の指導行動：P優位・M優位・PM・|pm|　※②

- 3年生からのもち上がりで，教師の指導の部分も援助の部分も不足したために，教師と子どもとのリレーションも形成されておらず，集団生活で必要なルールも育っていない状態であると考えられる。結果として，児童相互のリレーションも育たず，集団としての凝集性は低く，バラバラの状態となっている。

⬇

### ○対応の方針
- 学級内で生活するうえでの最低限のルールを設定する。また，担任教師は個別配慮が必要な子どもばかりではなく，学級すべての子どもの良い面を評価するような取組みをする。

### ○当面の方針
- 子どもの意見を組み入れながら，学級で守るべき最低限のルールを設定する。ルールが守れたか守れないかの確認も必ず行い，守れた際にはほめるとともに何か楽しみとなるレクリエーションなどを行う強化をする。

※①面接では学級担任に「小グループは」「問題のある子どもは」「気になる子どもは」などグループやリレーションに関わる質問を通して観察・面接の記録を重ねる。
※②P優位とは，学習の促進と望ましい社会性を育成するという一貫した指導をして，子どもが管理的と感じる指導行動が強いタイプ。M優位とは，学級集団に対する適応や心情に配慮するという援助を重視して，子どもが友達みたいと思うタイプ。PMとは，心情に配慮した上で指導を行い，援助と指導のバランスがとれているタイプ。pmとは，PMと反対で指導も援助も乏しく，子どもからみて信頼感が低いタイプ。

第6章 リレーション・ルールの不足している学級
1.学級をかき回す子どもがいる

■**対応策**　アセスメントを実現するための策。ここから選んで実施してください

◆**学年の連携の仕方（チームティーチング，合同授業等，担任教師の役割の明確化）**

・口で負けそうになると手が出る子ども（F男）がかんしゃくを起こしたり，粗暴な態度をとったりしたときは，落ち着かせるために別室（保健室，相談室等）に連れて行く。落ち着いてから，理解的態度で，なぜそのような行動をとったのか，理由や気持ちを聞き，伝えたい気持ちを一緒に整理し，伝え方を練習した後，相手と対面の場を設定し解決させる。このような対応を担任一人で行うのではなく，生徒指導主事や養護教諭を含めた学年体制で行う。このためには，事前に，子どもの実態と一貫した対応の仕方を職員が共通理解をしておくことが必要である。

・学校行事などの学年での活動や合同授業で，学年の教師がすべて同じルールで子どもに接していくように学年間で確認する。子どもたちが，自分のクラスは特別に許されるという意識をもつことがないようにする。自分のクラスの子どもでなくても，ルールが守れない場合はきちんと指導する。

◆**保護者への説明・協力体制のあり方**

・口で負けそうになると手が出る子ども（F男）の身辺整理能力をつけるため，保護者と協働で具体的目標を掲げ，スッテプアップ方式で取り組ませる。

・学級の取組みの様子や学級の変容，子ども一人一人の望ましい行動や活躍の様子などを学級通信で積極的に保護者に知らせる。この時，学習で出された子どもたちの「振り返り」のプラス意見や感情を集約して紹介し，楽しさや喜びを学級全体のものとして共有する。

◆**担任教師の対児童へのリーダーシップのとり方のポイント**

・可能な限り活動の仕方のマニュアルを書いておく。そうすることによって，教師にとっては指導に一貫性がもてるようになる。子どもにとっては活動がやりやすくなり，きちんと活動がなされているか確認が容易なことから子ども同士で教え合うことも可能になる。学級全体のルールができあがってきたら，活動の仕方には例外があることを少しずつ教えていく（F男への配慮）。

◆**授業の進め方のポイント**

・クラス全体の子どもに目を向け，まず，話の聞き方のうまい子やよく発表する子，話し方の上手な子どもたちを認め，大いにほめる。

・個別対応を中心に学習を展開する。例えば，個々で作業できるプリントに取り組ませ，

1対1で取組みのがんばりを認める評価を行う。その際,理解力が高い子どもの不満が生じないよう,最初のプリントが終わったら,難易度を段階的に高めていくプリントに挑戦させ,ステップアップの喜びや達成感を経験させるなどの工夫を行うとよい。
・授業の中にノートに書く活動を積極的に取り入れ,学習の個別化を図る。子どもが書いたものには,教師が必ずコメントを入れて返し,しっかりと書かれているノートを紹介し,モデルを示す。

◆学級活動の展開のポイント(朝,帰りのホームルームも含めて)
・ルールを見直し,短期間で達成できそうなルールに取り組む。例えば,達成感が,ルールを守ることの強化になるので,「授業のチャイムは,席に着いた状態で聞く」,「学習時の机の上にそろえておく物は,鉛筆と消しゴムと…」,「合図があったら,30秒以内に静かにして注目する」など,全員が守れそうで,改善が目に見えるものがよい。
・リーダー(A男,B子)が安心して全体の前に立つこと保障する。例えば,リーダーの指示に従わない子どもがいたとき,教師はその行動を注意するのではなく,リーダーの指示に従うよう促す。
・朝の会では,テレビの主題歌など,興味をもっているような歌を歌ったり,簡単なゲームをしたりし,全員で一つのことを行って1日をスタートする。また,帰りの会では,お互いの良いところ,がんばったことを紹介し合って一日を終わるようにする。

◆給食・掃除時間の展開のポイント
・給食の時間には,担任がグループを回り,子どもと一緒に会食する。担任は,グループの一人一人に声をかけ,話がはずむように努める。
・掃除の時間には,掃除のやり方を確認しながら担任が一緒に掃除をする。不真面目な子どもにはやり直しをさせるなど,毅然とした指導を行う。

◆時間外(休み時間・放課後)に必要な対応(個別面接・補習授業等)
・5分間面接やあるいは日記で,侵害行為を受けている子どもの不安感や学級への不満など,子どもたちの気持ちを受け止める。日記の場合は返事を書くようにし,秘密サインや公開サインで本人の意向を確認する。全体のルールにかかわる内容は話し合い,テーマに発展させる。
・D子については,本児の気持ちを尊重しつつ,きつくあたっている場面をとらえて,相手を傷つけないかかわり方を具体的に教えていく。
・F男と一緒に身の回りの整理をする。整理をする時間などをF男と話し合って決めるが,

目的を十分理解させたうえで選択させる。仲のよい子がいれば，その子につきあってもらってもよい。
・F男が周りの子に手を出したときは，一緒に考える。その時の自分の気持ちを振り返らせ，相手の気持ちを想像させた後，どうすればよかったかを考えさせる。考えつかない場合は，具体的に行動というべき言葉を教える。自分の気持ちを抑えられないようであれば，「深呼吸を3回する」とか「おまじないを言う」などの方法を教えてもよい。

◆**担任教師のサポートのあり方，作戦会議の計画**
・1か月後にQ-Uを実施し，変容をとらえる。成果が出ているときは担任の労をねぎらい，うまくいっていないときは取組みの方法を変える。これを定期的に行う。
・担任教師が学年主任の場合は，教務主任からの提案で作戦会議を行う。

第6章

リレーション・ルールの不足している学級

## 2 不登校傾向の子どもがいる

**本事例の学級の様子**

　学級内にルールを確立することができず，侵害行為を受け，不登校や不登校傾向になっている子どもがかなりいる状況になっている。また，授業中のルールもないがしろにされる状態になっており，集団での授業が成立しづらい状況になっている。

### ■本事例のQ-Uプロット（基礎資料①）

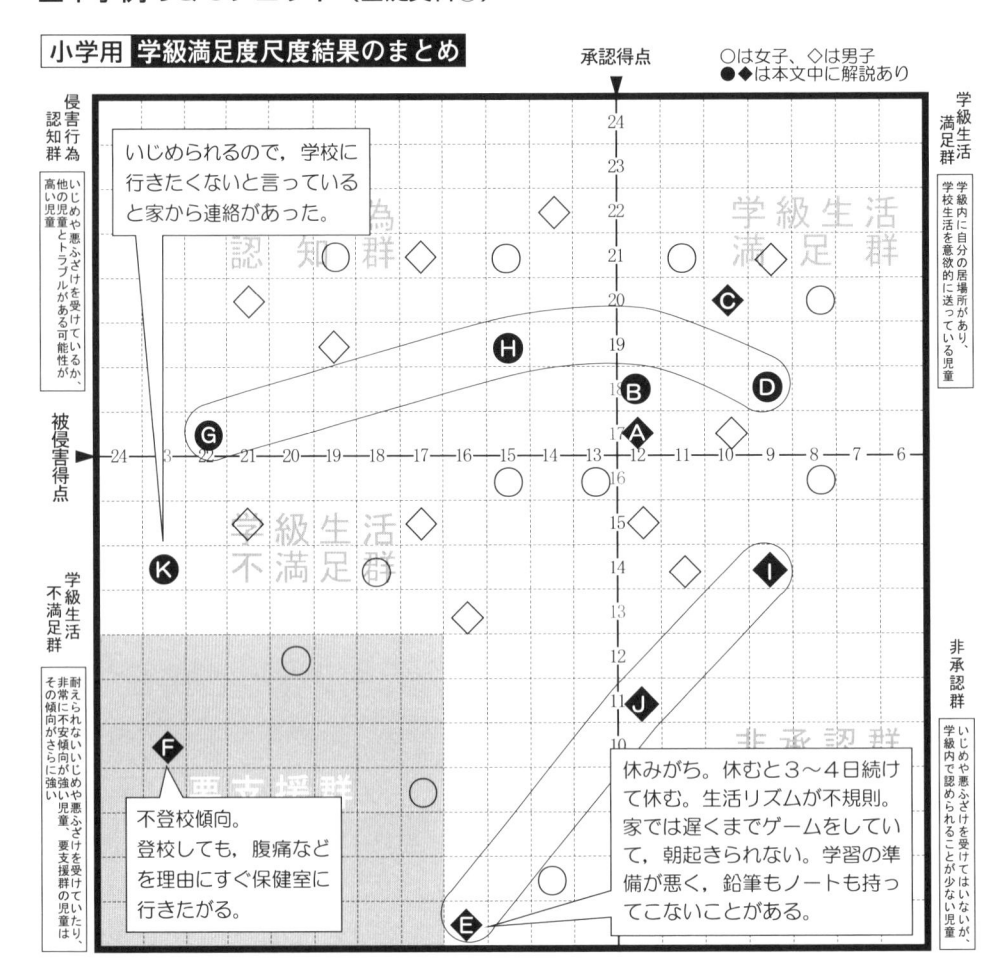

**小学用** 学級満足度尺度結果のまとめ

承認得点　○は女子、◇は男子
●◆は本文中に解説あり

侵害行為認知群
学級生活満足群
被侵害得点
学級生活不満足群
非承認群

いじめられるので，学校に行きたくないと言っていると家から連絡があった。

不登校傾向。登校しても，腹痛などを理由にすぐ保健室に行きたがる。

休みがち。休むと3～4日続けて休む。生活リズムが不規則。家では遅くまでゲームをしていて，朝起きられない。学習の準備が悪く，鉛筆もノートも持ってこないことがある。

## 2. 不登校傾向の子どもがいる

■ 事例提供者の報告（基礎資料②）　　　　　　　　　　　　　　　担任：20代女性

### 学級集団の背景　　小学校6年　人数33人（男子17人，女子16人）
- 学校の特徴……都市部中規模校
- 学級編成の状況（もち上がり等）……5年生からのもち上がり。

### 問題と感じていること
- 靴かくしやいたずらが頻発するようになってきた。もぐらたたきのような状態で，根本から解決する必要があると感じている。
- 不登校傾向の子どもがいるので，どう対応したらよいかわからない。
- 問題が起こるたびに親からのクレームがあり，対処に困っている。
- 授業中に私語をしたり，チャイムが鳴っても着席しなかったりしている。きちんとしつけをしたいが，どのような方法で行うべきか悩んでいる。

### 学級の公的なリーダーの児童生徒（番号と簡単な説明）
男子‥A男（しっかり者で，男子からも女子からも人気がある。）
女子‥B子（頭がよく，人気がある。ピアノと水泳が得意で周りからすごいと思われている存在である。学級をまとめていく力が足りない。）

### 学級で影響力の大きい・陰で仕切るような児童生徒（番号と簡単な説明）
男子‥C男（勉強は苦手であるが，運動神経がよく，地域の野球チームで活躍している。男子の信頼を集めている。）
女子‥D子（勉強はよくできるが，感情の波がある。周りの雰囲気に影響を与える存在である。）

### 態度や行動が気になる児童生徒（番号と簡単な説明）
男子‥E男（休みがち。休むと3～4日続けて休む。生活リズムが不規則。家では，遅くまでゲームをしていて朝起きられない。学習の準備が悪く，鉛筆もノートも持ってこないことがある。）
　　　F男（不登校傾向。登校しても，腹痛などを理由にすぐ保健室に行きたがる。）
女子‥K子（いじめられるので学校に行きたくないといっていると家から連絡あり。）

### プロットの位置が教師の日常観察からは疑問に感じる児童生徒（番号と簡単な説明）
女子‥G子（いつも一緒にいるグループがあり，この群にいるとは思わなかった。）

### 学級内の小グループを形成する児童生徒（番号と簡単な説明）
男子‥E男，I男，J男（小さいいたずらが多い。放課後も一緒に遊んでいる。）
女子‥D子，G子，H子（タイプの違う3人であるが，一緒に行動している。D子がリーダー的な存在。）

### 4群にプロットされた児童生徒に共通する特徴
満足群・・・・・・勉強や運動などの能力が高い子どもが多い。
非承認群・・・・・教師とのかかわりがうすい子ども。
侵害行為認知群・・不平不満を言葉に出して言う子どもが多い。
不満足群・・・・・不登校傾向の子どもとあまり目立たない子ども。

### 担任教師の方針
学級経営・・・それぞれが自主性を発揮して，前向きに生活する学級。
授業の展開・・多様な考えを大切にして，いろいろな意見が出るように工夫している。

■ **アセスメント** 基礎資料①②をもとにした，スーパーバイザーの見たて

### Q-Uプロットより

● リレーションとルールのバランス
・グループの数やサイズからリレーションは形成されておらず，ルールの確立もかなり低いと考えられる。

● 集団の崩れの段階…… 初期・|中期|・後期

● その他
・全体に拡散しており，学級集団としてそれぞれが自分達のグループの価値観でバラバラに動いている可能性がある。
・侵害行為認知群と不満足群の割合が多くなってきており，学級のなかで傷つけられたり，嫌な思いをしたりしている子どもも多くなってきていると考えられる。

### 面接の記録より

・学級のルールができていないために，学級のリーダーを支えるフォロアーシップが育っておらず，学級を子どもが自主的にまとめる段階になっていないが，教師はリーダーが学級をまとめることを期待している。
・多様性を認めようとしているが，能力が高く活躍している子どもに対しては，教師の評価も高いため，認められていると感じる子どもとそうでない子どもが分かれている。

### 総合的なアセスメント

● 集団変容の方向：＋・|−|　● 教師の指導行動：P優位・M優位・PM・|pm|

・教師の願いが先行して，学級の実態と合わない指導が行われたために，それについていけない子どもは認められていないとか，ついていけないと思っている可能性がある。それらの子どものストレスが，弱い立場の子どもや少し異質な子どもに向かい，侵害行為が発生していることが考えられる。
・集団の状況と合わないリーダーシップ・スタイルのために，子どもが教師の意図した指導にのってこず，ルールとのリレーションの形成が進んでいない。

⬇

#### ○対応の方針

・不登校及び不登校傾向のある子どもへの対応は学校体制で取り組む。また，その子どもたちを受け入れられるようなルールのある学級にする。

#### ○当面の方針

・不登校及び不登校傾向の子どもの保護者との面接を管理職も入れて行う。学級全体に対しては，現在の学級で嫌なこと，最低限守りたいことを子どもに出させ，そのなかから1つだけ全員で守ることを決め，徹底させ，守れたことをほめる。

## ■対応策　アセスメントを実現するための策。ここから選んで実施してください

### ◆学年の連携の仕方（チームティーチング，合同授業等，担任教師の役割の明確化）

・保護者からのクレーム，不登校・不登校傾向の子ども，いじめられているという子どもの対応の仕方について，学年，管理職や養護教諭，相談担当教諭，スクールカウンセラーらとチームを組んで一つの方針を立てて対処していく。担任教師だけが批判の矢面に立たないように配慮を行う。

・授業崩壊もみられるので，学年合同学習をしばらく続けるか，もしくは担任をしていない教頭，教務，専科，養護教諭，加配教諭に授業に入ってもらう。

### ◆保護者への説明・協力体制のあり方

・崩壊中期であるが，もち上がりということから，校長の了解，協力のもと，一度，保護者会を開く。学級の実態を正直に話し，担任としての今後の方向を的確に示し，理解と協力を得る。しばらくの期間（1ヶ月），自由に授業参観ができるようなシステムをとるのも手である。毎日のクラスの様子は，学級通信などで情報を開示していく。

・K子については，早急に学級指導を開き，いじめは絶対にやってはダメだと指導を加え，家庭には，その学級指導の内容について説明する。1週間観察や働きかけを行い，保護者へ連絡する。こまめに保護者と連絡を取り合い，K子を心配しているという姿勢を見せる。

・E男については，保護者に学校での様子を伝えるとともに，家庭での様子と，保護者の要望も聞く。朝起こすことや，学習の準備については協力を要請し，楽しく登校できるよう家庭と協力し合っていきたいことを伝える。

・F男については，登校刺激の与え方，あるいは学校へ連れてくる方法について，学校のチームと親とで方針を協議しておく。

### ◆担任教師の対児童へのリーダーシップのとり方のポイント

・学級経営の方針を修正する。「それぞれが自主性を発揮」から「みんなで一つのことに協力して取り組む」へ。

・授業を妨害しないための必要最低限のルールを，子どもたちと決める。決めたら，担任教師がまず毅然とした態度でそれを守っていく。子どもたちにも，きちんと守らせる。

・教師にとってどの子どもも大事であると伝え，立場の弱い人には常に配慮を示す。また，そのうえで真面目にコツコツやっている子どもに対しても認める場を常に設ける。

◆**授業の進め方のポイント**
・真面目に取り組む子どもが大切にされる授業を心がける。こつこつ努力を重ねている子ども，一生懸命取り組んでいる子どもを見逃すことなく，きちんと認め，ほめていく。
・プリント学習中心に切りかえていく。休みがちな子どもや，不登校傾向の子どもを迎えに行った場合，自習にもすぐ使える。個別指導がしやすい。私語対策としても有効。
・チャイム着席の励行には，日直の複数制が有効。日直を1人や2人ではなく，思いきって5人ずつとか8人ずつといった大勢にする。時間がきたら日直全員で声をかけるようにシステムを変える。立ってふらふらしている子どもにはさりげなく注意するが，しつこくは言わない。真面目にやっている子どもをどんどんほめ，認めるようにする。
・6年生なので，運動会，文化祭など，学校全体の行事に関わる機会も多いと思われる。それをチャンスととらえ，一人一役制度を取り入れ，みんなで力をあわせてやり遂げる経験をさせる。

◆**学級活動の展開のポイント（朝，帰りのホームルームも含めて）**
・朝の読書タイムを取り入れる。毎日15分から20分続けてみる（教師もできるだけ教室で子どもと一緒に読む。）。
・帰りの会に，学級通信を配布し，それをじっくり読む時間を保障する。子どもの実名をふんだんに載せ，どんな成長があったのか，具体的に記す。態度や行動が気になる子どもをターゲットにして，印刷し終った学級通信の欄外に，担任からのメッセージを直接書き込み，手わたす。

◆**給食・掃除の時間の展開のポイント**
・給食指導はまずは2人組から始める。担任は毎日どこかの組で一緒に食べ，雑談に応じる（先生の失敗談，小学生の時の話など，子どもたちはたいへん喜ぶ。）。
・清掃・給食当番の再確認。一人一役の仕事を割り当てる。掃除は，一緒に汗を流し学校をきれいにするという姿勢を大切にしていきたい。

◆**時間外（休み時間・放課後）に必要な対応（個別面接・補習授業等）**
・休み時間や放課後に，教室に残ったり子どもたちが遊んでいる様子をさりげなく見たりする。侵害行為やいじめの有無，嫌な思いをしている子どもの存在などに気づくことができる。
・放課後の時間を利用し，学級の子ども全員と個人面談をする。K子，F男，E男とは時間をゆっくりとって話しを聞く。特にK子はいじめの被害を訴えているので，状況をし

っかりと聞いておく。

◆**担任教師のサポートのあり方，作戦会議の計画**
・チームで１週間おきに実践報告会を開く。
・親からの対応に苦慮しているので，十分な支援が必要。先輩教師らは，自らの失敗談を聞かせるなど，だれにでも起こりうることだと説明し，言葉遣いや話の切り出し方など，細かな点に関して対応の仕方を説明し，安心感を与える。担任教師の若さと熱意は，大きな長所であることを伝え，職場全体でサポートしていく。問題や保護者からのクレームなどは，一人で抱え込まないように，常に声がけをする。空き時間をつくってあげるのも大切。

第6章 リレーション・ルールの不足している学級

# 3 個別的な配慮が多く必要な子どもがいる

### 本事例の学級の様子

　学級に満足している子どもと満足していない子どもの2つに学級が分かれている状態である。満足している子どもには女子が多く，不満足の子どもには男子が多い。このような状態のため，教師は立場の弱い子どもに援助しているものの，侵害行為を受けている状況がある。

### ■本事例のQ-Uプロット（基礎資料①）

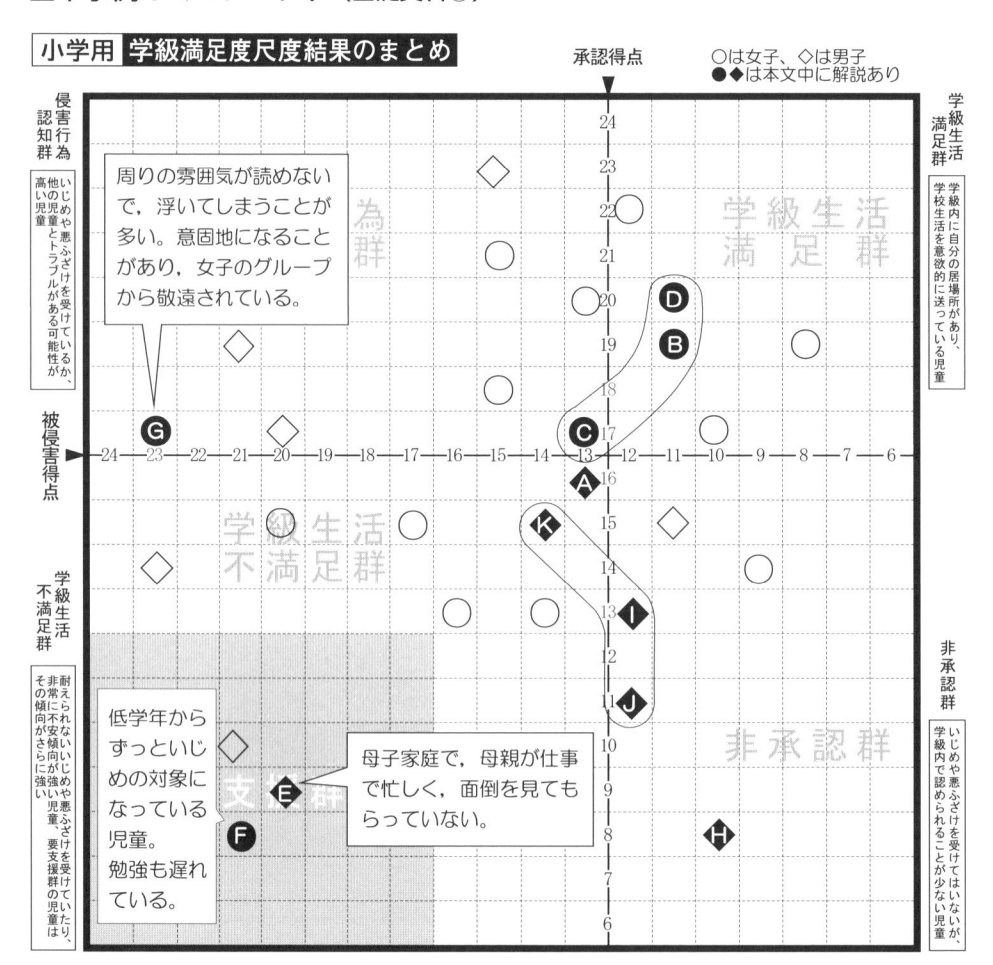

**小学用　学級満足度尺度結果のまとめ**

○は女子、◇は男子
●◆は本文中に解説あり

侵害行為認知群：いじめや悪ふざけを受けているか，他の児童とトラブルがある可能性が高い児童

学級生活満足群：学級内に自分の居場所があり，学校生活を意欲的に送っている児童

学級生活不満足群：非常に耐えられないいじめや悪ふざけを受けていたり，その傾向がさらに強まっている児童，要支援群の児童は

非承認群：いじめや悪ふざけを受けてはいないが，学級内で認められることが少ない児童

周りの雰囲気が読めないで，浮いてしまうことが多い。意固地になることがあり，女子のグループから敬遠されている。

低学年からずっといじめの対象になっている児童。勉強も遅れている。

母子家庭で，母親が仕事で忙しく，面倒を見てもらっていない。

第 6 章　リレーション・ルールの不足している学級
## 3.個別的な配慮が多く必要な子どもがいる

### ■事例提供者の報告（基礎資料②）　　　　　　　　　　担任：40代女性

**学級集団の背景　　小学校5年　人数27人（男子12人，女子15人）**
- 学校の特徴……地方都市中規模校
- 学級編成の状況（もち上がり等）……学級編成がえをした5年生。

**問題と感じていること**
- 学級になじめず個別の配慮が必要な子どもがおり，対応に多くの時間がとられている。
- 家庭の背景をもつ子どもについて，どう家庭に介入してよいかがわからない。
- 指導にすぐに従わない子どもが多く，だらしない雰囲気を何とかしたい。注意をするとふてくされたり，不満顔になる子どもがいるので，どう指導したらよいか。
- 男子に元気がなくリーダーも育たない。

**学級の公的なリーダーの児童生徒（番号と簡単な説明）**
男子・・A男（勉強ができるがおとなしい。マイペースでコツコツとがんばるタイプ。）
女子・・B子（明るく元気がよい。女子に人気があり友達も多い。）

**学級で影響力の大きい・陰で仕切るような児童生徒（番号と簡単な説明）**
女子・・C子（ユーモアがあり，周りを明るくしたり盛り上げたりすることが得意。）
　　・・D子（B子と相性がよく，2人でクラスをリードしている。仕事はきちんとやるタイプ。）

**態度や行動が気になる児童生徒（番号と簡単な説明）**
男子・・E男（母子家庭で，母親が仕事で忙しく，面倒を見てもらっていない。服装や身だしなみからうかがうことができ，おなかをすかせていることが多い。）
女子・・F子（低学年からずっといじめの対象になっている子ども。勉強も遅れている。）
　　　　G子（周りの雰囲気が読めないで，浮いてしまうことが多い。意固地になることがあり，女子のグループから敬遠されている。）

**プロットの位置が教師の日常観察からは疑問に感じる児童生徒（番号と簡単な説明）**
男子・・H男（いつも教師のそばにおり，たくさん話をする子どもで意外である。）

**学級内の小グループを形成する児童生徒（番号と簡単な説明）**
男子・・I男，J男，K男（同じサッカーのチームに所属。）
女子・・B子，C子，D子（仲がよく，クラスをリードするグループ。）

**4群にプロットされた児童生徒に共通する特徴**
満足群・・・・・クラスの中心となる子どもと勉強ができる子ども。いずれも女子。
非承認群・・・・グループでいつも集まっている子ども。男子が多い。
侵害行為認知群・・周りとあまりかかわらない子ども。
不満足群・・・・個別配慮の必要な子どもと元気のない子ども。

**担任教師の方針**
学級経営・・・一人一人を大切にする学級経営。個性をお互いに認め合う学級集団を目指す。
授業の展開・・子どもの発言を大事にし，グループでの教え合い活動を取り入れている。

## ■アセスメント 基礎資料①②をもとにした，スーパーバイザーの見たて

### Q-Uプロットより

●リレーションとルールのバランス
- プロットがかなり拡散している。リレーション、ルールとも崩れていることが考えられる。

●集団の崩れの段階…… 初期・**中期**・後期

●その他
- 女子の承認得点が高く、男子の承認得点は低い。学級に偏った価値観が存在する可能性がある。
- 不満足群の割合が多いことから、学校にいきたくないと感じたり、学級の雰囲気に閉塞感や不満をもっている子どもが多くいることが考えられる。

### 面接の記録より

- 個別対応の必要な子どもには多くの時間をかけてていねいにかかわっているが、学級全体は、子どもの自主的な活動を認めるように任せている。リーダー性のある女子を中心としたグループをつかって学級活動を進めることが多く、男子は疎外感をもっている可能性がある。

### 総合的なアセスメント

●集団変容の方向：＋・**―**　　●教師の指導行動：Ｐ優位・**Ｍ優位**・ＰＭ・ｐｍ

- 手のかかる子どもの対応に目を奪われているために、学級全体への働きかけが不足しがちである。てきぱきと要領のよい女子のグループを中心に学級の活動を行わせたために、そのグループの価値観が学級の雰囲気を決めている状態になっている。表には出てこないが、男子は不満をもっている子どもが多いと考えられる。
- リレーションがグループ内には存在するが、学級全体としては形成されておらず、リレーションを前提とする基本的なマナーも育っていない状況であると考えられる。

⬇

### ○対応の方針
- 教師がすべての子どもの良い面を認める努力をする。また、学級内で生活する上で最低限のルールを設定する。個別的な配慮が必要な子どもは、他の教師の援助も受ける。

### ○当面の方針
- すべての子どもと面接をし、学級や教師への不満を集約する。そのうえで、学級で生活するうえでの最低限のルールを設定する。

第 6 章　リレーション・ルールの不足している学級
### 3.個別的な配慮が多く必要な子どもがいる

■**対応策**　アセスメントを実現するための策。ここから選んで実施してください

◆**学年の連携の仕方（チームティーチング，合同授業等，担任教師の役割の明確化）**

・学年体制・養護教諭も含めてコンサルテーションを行う。学級集団の状態・個別支援の必要な子どもについて意見交換をして，TT（チームティーチング）・合同授業の方法を話し合う。

・他の先生方の目に映る子どもの良さを教えてもらい，それをヒントにして担任自身のかたまりかけている子どもの見方を見直してみる。

◆**保護者への説明・協力体制のあり方**

・E男の保護者には，保護者と教師の共通の願いを確認し，互いの状況を知り合い保護者が教師のよきパートナーとなるようかかわる。そのために，仕事の忙しさを責めるのではなく，保護者の状況をわかり合うことから始める。大変さや気持ちを十分受けとめながら，具体的に，どういうことならできそうなのか明らかにしていく。

・子ども同士で活動のフィードバックを書かせ，学級通信で紹介していく。

◆**担任教師の対児童へのリーダーシップのとり方のポイント**

・小グループを生かして，基本的なスキル訓練を行う。初めは，「あいさつ」と「聞く」を徹底する。日常的に担任が意識して，「ありがとう」や「ごめんなさい」を行う。日常生活の中で，スキルを意識して行動し，行動が定着するようにほめていく。子どもの願いを受け止め，行動したいこと，表現したいことがうまくできるようにすすめていく。

・男子の良さの発見に努める。意識して，男子と言葉を交わすようにし，興味・関心や得意・不得意な分野などについて知る努力をする。

・不満足群の子どもに対しては（E男，F男，G子以外にも），じっくり話を聞くことが大切。G子に対しては浮いてしまったとき，個別対応でG子の気持ちを受け止めてあげる。

◆**授業の進め方のポイント**

・個別指導を必要な子どもが多いため，TTで取り組む。その際のTTの役割をはっきりして実践する。

・学習のルールの確認をする（発言の仕方のルール，人の話は最後まで聞くこと，など）。

・グループ学習のときには，いろいろな人とグループになることができるように，グルーピングの仕方を工夫する（くじ引き，誕生日ごとなど）。

・国語，算数では10～15分の個別授業の時間をとり，担任はその時間に非承認群と不満足

群の子どもと個別に対応し，認めと励ましの言葉がけをしていく。時間内に全員は無理と思われるので，学習カードを通して自己評価を支援する寸評を書いて，授業に対しての意欲の喚起と担任とのリレーションづくりを図る。

◆**学級活動の展開のポイント(朝，帰りのホームルームも含めて)**
・男子がリーダーとなって活躍できるような活動の場を設ける（学級でゲーム大会や，スポーツ大会を企画するなど）。
・朝の会・帰りの会で，男子や目立たない子（満足群にいない子）を中心に教師が見つけた良さについて，子どもたちに伝える。
・教師が自己開示しつつ，いじめと差別は絶対に許さないことを全体に強く訴えていくことが，まず第一。
・小さな変化（よい言動）をキャッチし，全体の前でその価値を認めていく。

◆**給食・掃除の時間の展開のポイント**
・担任が一緒に給食の準備や後片づけをするなかで，子どものがんばりをその場で認め返していく。
・子どもとともにおいしく給食を食べようとする姿勢をもつ。
・とくに男子を中心に雑談し，いろいろな個性の発見に努める。
・叱ること，注意することよりも，良さを見つけ，ほめることを基本に。

◆**時間外（休み時間・放課後）に必要な対応（個別面接・補習授業等）**
・G子と面接。困っていることや心配事を聞く。感情に視点をあてる。援助の方法を探る。
・自分から話しかけてこない子どもには，教師から進んで声がけをしていく（よくなったこと，ほめることを中心に）。
・（たとえ自分が不得手でも）K男，I男，J男のサッカーグループの子どもとともにボールを追いかけたい。
・帰りのひと声がけをする。下駄箱まで送り届け，どんな仲間と下校するか見届ける。

◆**担任教師のサポートのあり方，作戦会議の計画**
・学年体制・養護教諭など含めたコンサルテーションをコーディネートしていくことの確認をする。
・E男の保護者面接についての内容と話の聞き方などの作戦を練る。
・どういう順序でやれそうか，計画を立てる。
・担任の気持ちに寄り添いながらすすめていく。

## 3. 個別的な配慮が多く必要な子どもがいる

・担任一人では対応のしにくい子（E男・F子など）については，チームを作って，今後の支援のあり方について話し合う。
・担任のがんばりや指導の良さを互いに伝え合ったり，担任が気軽に相談できる相手をつくる。
・E男の家庭とのリレーションづくりには，校長，教頭，養護教諭，場合によっては福祉事務所か児童相談所の職員も加えたケース会議を開く。

〔第6章：藤村一夫〕

第7章 特別な要因が絡む学級

# 1 ずっと学級編成がえがない単学級集団

**本事例の学級の様子**

保育園時代から、ずっと同じメンバーで構成されているため、役割が固定されている。女子のなかで常に仲間はずれがあり、男子は一方的に攻撃される子どもがいる。担任にも反抗的な態度が多くみられる。

■ **本事例のQ-Uプロット**（基礎資料①）

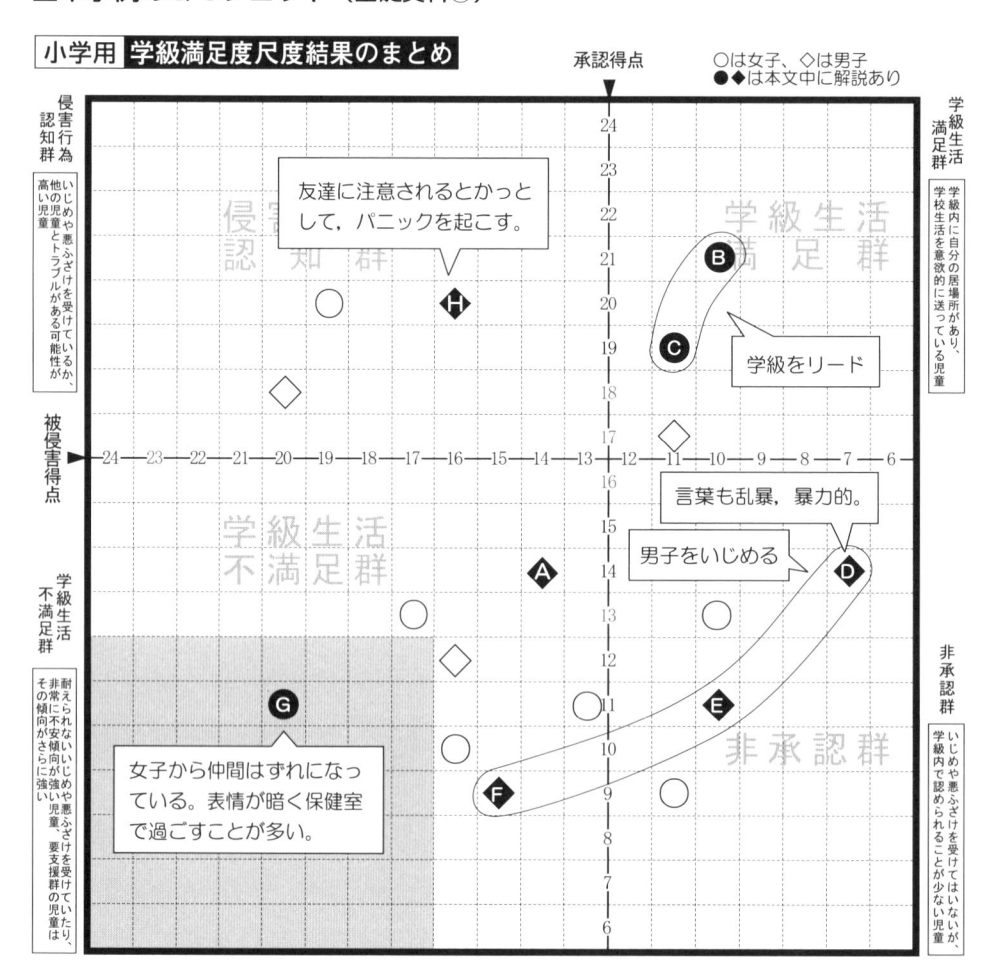

小学用 **学級満足度尺度結果のまとめ**

○は女子、◇は男子
●◆は本文中に解説あり

侵害行為認知群：いじめや悪ふざけを受けているか、他の児童とトラブルがある可能性が高い児童

学級生活満足群：学級内に自分の居場所があり、学校生活を意欲的に送っている児童

学級生活不満足群：耐えられないいじめや悪ふざけを受けていたり、非常に不安な傾向がさらに強い児童、要支援群の児童は

非承認群：いじめや悪ふざけを受けてはいないが、学級内で認められることが少ない児童

- H: 友達に注意されるとかっとして、パニックを起こす。
- B, C: 学級をリード
- D: 言葉も乱暴、暴力的。男子をいじめる
- G: 女子から仲間はずれになっている。表情が暗く保健室で過ごすことが多い。

128

第 7 章　特別な要因が絡む学級

## 1.ずっと学級編成がえがない単学級集団

### ■事例提供者の報告（基礎資料②）　　　　　　担任：30代前半男性

**学級集団の背景　　小学校6年生　人数17人（男子8人，女子9人）**
- 学校の特徴……地方の小規模校
- 学級編成の状況(もち上がり等)……学級は5年生からのもち上がり。

**問題と感じていること**
- 固定されたメンバーでずっとすごしてきたため，リーダーもいつも決まっている。リーダーの言うがままの子どもと，ルールも守らず勝手に行動している子どもがいる。
- 女子のなかで仲間はずれがあり，女子がびくびくして生活している状況である。
- 男子のなかで反抗する子どもが見られる。

**学級の公的なリーダーの児童生徒（番号と簡単な説明）**
男子・・A男（おとなしい。学力高い。）
女子・・B子（運動能力，学力ともに高い。学級を積極的に先導する。）

**学級で影響力の大きい・陰で仕切るような児童生徒（番号と簡単な説明）**
男子・・D男（教師に対して反抗的。H男などを攻撃する。）

**態度や行動が気になる児童生徒（番号と簡単な説明）**
男子・・D男（言葉も乱暴，暴力的。）
　　　　H男（友だちに注意されるとかっとして，パニックを起こす。）
女子・・C子（B子に追従して，女子や男子にきつい言い方をする。）
　　　　G子（女子から仲間はずれになっている。表情が暗く保健室ですごすことが多い。）

**プロットの位置が教師の日常観察からは疑問に感じる児童生徒(番号と簡単な説明)**
A男（リーダーとしてがんばっているように見えたので不満足群ではないと思った。）

**学級内の小グループを形成する児童生徒（番号と簡単な説明）**
男子・・D男，E男，F男（教師や女子の注意に反抗する。3人で他の男子をいじめる。）
女子・・B子，C子（学級をリードしている。2人は一緒で周りに何人かいる。）

**4群にプロットされた児童生徒に共通する特徴**
満足群・・・・・・勉強ができ，元気に生活している子どもが多い。
非承認群・・・・・活気がなく，授業中の発言が少ない。
侵害行為認知群・・勉強ができるが，不平不満を言う。
不満足群・・・・・勉強が苦手で，生活面でも配慮が必要な子ども。

**担任教師の方針**
学級経営・・・いじめやけんかのない学級にしたい。
授業の展開・・子どもたちの主体性を大事にし，子どもの要求を生かすようにしている。

## ■アセスメント 基礎資料①②をもとにした，スーパーバイザーの見たて

### Q-Uプロットより
●リレーションとルールのバランス
・発言力の強い子どもとそうでない子どもに階層化している。自分の思いを言えるようなリレーションが形成されていない。
・ルールは，一部の子どもの好きなようになっている。

●集団の崩れの段階…… 初期・中期・後期
●その他

### 面接の記録より ※①
・一部の子どものいいなりになって学級が動いている。教師も頼りにしている部分があり，拍車をかけている。

### 総合的なアセスメント
●集団変容の方向：＋・－　●教師の指導行動：P優位・M優位・PM・pm　※②

・子どもたちの人間関係が固定し，なれあいが生じ，学級のルールを見直すこともなくすごしてきたため，好き勝手に行動する子どもが出てきたと考えられる。
・一部のリーダーが先導していることに安心し，不満足群の子どもの立場で経営していなかったために不満が大きくなっていったと考えられる。
・固定された人間関係のために仲間はずれになるのを恐れ，本音を言えない子どもがいることが推測される。

⬇

### ○対応の方針
・学級の問題を子どもたちと明らかにして，再スタートをきる。

### ○当面の方針
・一部の考えで学級が動かないように，面接や無記名で用紙に書かせることをもとに，ルールの再形成を図る。

※①面接では学級担任に「小グループは」「問題のある子どもは」「気になる子どもは」などグループやリレーションに関わる質問を通して観察・面接の記録を重ねる。
※②P優位とは，学習の促進と望ましい社会性を育成するという一貫した指導をして，子どもが管理的と感じる指導行動が強いタイプ。M優位とは，学級集団に対する適応や心情に配慮するという援助を重視して，子どもが友達みたいと思うタイプ。PMとは，心情に配慮した上で指導を行い，援助と指導のバランスがとれているタイプ。pmとは，PMと反対で指導も援助も乏しく，子どもからみて信頼感が低いタイプ。

第 7 章　特別な要因が絡む学級
1.ずっと学級編成がえがない単学級集団

■対応策　　アセスメントを実現するための策。ここから選んで実施してください

◆再契約法にのっとった再スタートをきる
・管理職や主任が立会いのもと，学級全体で再契約を以下の手順で行う。
　① 管理職・主任が立会いのもとに，担任が，学級がこのままの状態ではいけないこと，直していかねばならないことを話す。
　② 直したい問題を無記名で全児童に書かせ，回収する。
　③ 書かせた内容を整理し，子どもとともに当面の守るべきルールを設定する。

◆学年の連携の仕方(チームティーチング，合同授業等，担任教師の役割の明確化)
・全体の子どもへの対応は担任が，男子がパニックを起こしたときは担任外が，女子のいざこざについては養護教諭が，対応するように基本的な動きを決めておく。

◆保護者への説明・協力体制のあり方
・全体の保護者会が必要である。管理職，主任などの立会いのもとに行う。保護者同士もずっと同じ地域で生活していると考えられるので，PTAの役員とも綿密な打合せを行う。学校側の主観による理解ではなく，子どもとの面談やアンケートによって，学級の状態を客観的に理解してもらう必要がある。子どもの個人的な問題については，保護者との個別面談によって話し，全体的な状態の概要と，学校としての今後の方針を理解してもらう。
・保護者用の回覧ノートを作成する。家庭での子どもの様子や学校への要望などを保護者に書いてもらい，回覧する。学級PTAの役員と担任が企画し，家庭で負担にならない程度の期限や内容を決める。各家庭からもどってきたノートには，担任から子どもの学校での良い面を中心に返事を書いたり，学校で楽しそうに活動している写真などを貼りつけたりして，次の家庭へ回すようにする。

◆担任教師の対児童へのリーダーシップのとり方のポイント
・リーダーに対する接し方と他の子どもに対する接し方で，えこひいきと受け取られないように，どの子どもにも声をかけ，どの子どもにも対応することを心がける。再契約で確認したルールの徹底を図る。決めたルールについて守れたこと，さらに直していくべきことについて，教師主導で簡潔に話す。

◆授業の進め方のポイント
・個別作業を取り入れた学習を中心にすえる。一斉指導では不満足群の子どもたちが不参加の状態になるからである。学習権の保障をするためにも基本的事項を習得させるプリ

ントを用意する。
- 授業の導入は，「本時のねらい」，「作業内容」についてポイントのみを黒板に書き，すぐに作業に入るようにする。
- 机間指導は全員に同じ時間行うようにし，一人一人にその場で赤ペンを入れるようにする。
- 授業のまとめの段階では，再契約で確認したルールの簡単な総括を行う。成果の部分は個人名を出し，具体的にほめる。課題の部分は極力減らし，個別に「何かあったのかな」，「今日は調子悪かったのかな」とこっそり話すようにする。
- 「他の先生にも教えてもらう時間」を2日に1時間程度でいいから設定し，管理職や担任外の教師に授業に参加してもらう。授業の終わりに授業の感想やよくなった点を簡単に話してもらい，自分たちの授業態度を客観的に確認させる。

**◆学級活動の展開のポイント（朝，帰りのホームルームも含めて）**
- 再契約後，週1回のペースで「学級のなかでよくなった点」，「まだ困っていること」を無記名で書かせ，子どもたちに提示し，ルールを見直す時間をつくる。
- 朝の会，帰りの会の司会を順番にし，司会進行の順番や台詞を統一し，だれもができるようにする。帰りの会は「はじめのことば」，「係から」，「今日のめあての反省」，「先生から」程度の内容にし，B5程度の学級通信を配布し，読む時間を確保する。
- 学級通信には，再契約で確認したルールについての状態を毎回載せるようにする。

**◆給食・掃除の時間の展開のポイント**
- 掃除指導は掃除区域を1日にすべての箇所を回るのではなく，3日程度続けて，同じ掃除区域について，手順や掃除の仕方を具体的に指導する。他の区域は担任外にお願いし，事故が起こらない程度に見回りをする。
- 給食時間は，教室から担任は離れないようにし，養護教諭などに給食室付近の巡視をしてもらう。
- 給食時間に，一人一人の子どものミニ誕生パーティーを行う。プログラムはいつも同じにして，そのなかに，「友だちから」「先生から」を入れて，誕生日を迎えた子どもの良さを紹介する。乾杯は牛乳で行い，頭につける月桂冠や，友だちから贈られる花束は，初めに作っておいて，同じものを使い続けていく。司会は，前に祝ってもらった人が行うというように，機械的に役割を決め，全員が同じように祝い，同じように祝福するように配慮する。

◆**時間外(休み時間・放課後)に必要な対応(個別面接・補習授業等)**
・不満足群の子どもを中心に「放課後,先生と一緒に勉強してみないか」と誘い,取りこぼしている学習内容の定着を図る。雑談を交えながら短時間ですむような内容にする。
・休み時間は週に1回程度,男子とサッカーをする。教師自身が思いきり汗をかくつもりで,全力で走り回る。

◆**担任教師のサポートのあり方,作戦会議の計画**
・学年で使ったプリント類や,楽しい教材・教具を共有できるように,コーナーをつくる。兄弟関係や家庭環境,地域の様子について常に情報も共有する。

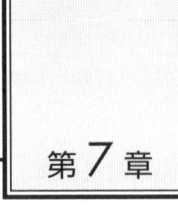

第7章 特別な要因が絡む学級

## 2 前年度の学級崩壊を引きずっている

### 本事例の学級の様子

　3年生のときに学級崩壊になり，今年度担任が代わった。好き勝手なルールが学級にはびこり，授業中の立ち歩き，学力の低下がみられた。担任は，何とかしようと年度当初は熱意にあふれていたが，たび重なる問題に対処しきれない状態である。

### ■本事例のQ-Uプロット（基礎資料①）

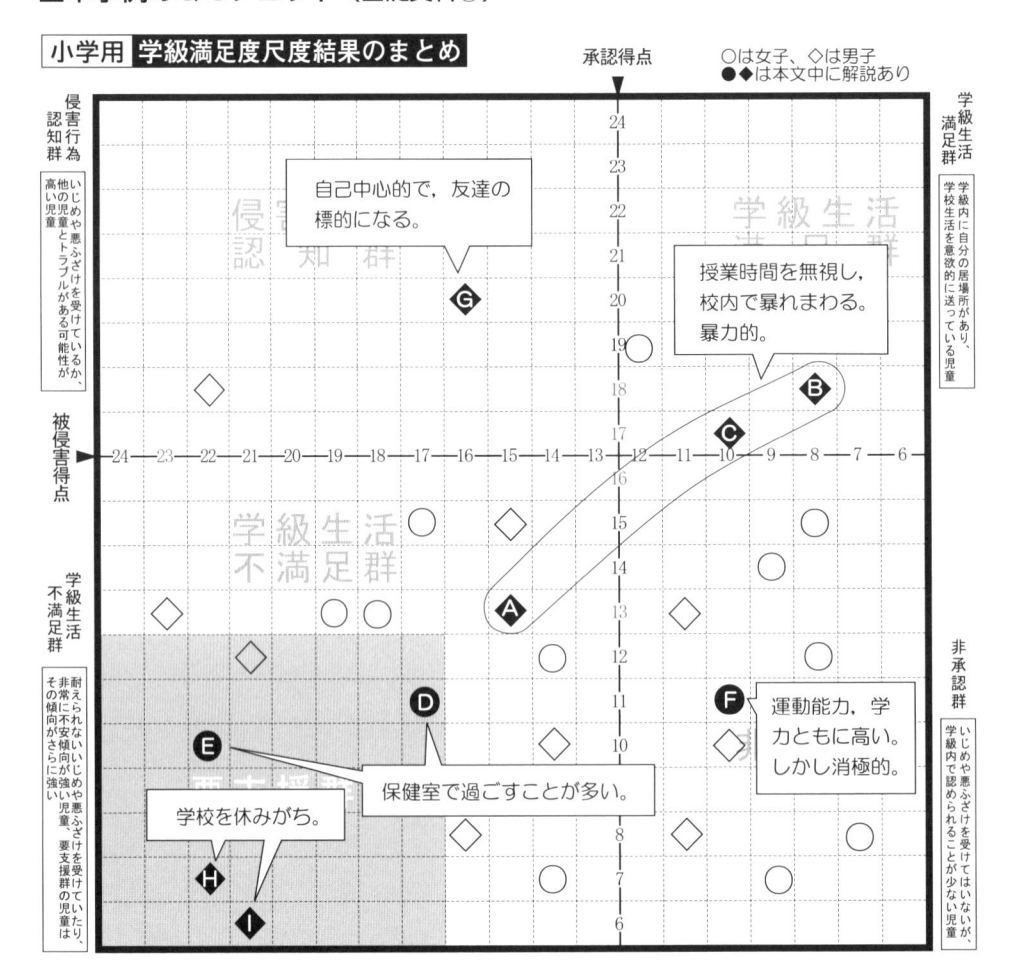

**小学用　学級満足度尺度結果のまとめ**

承認得点　○は女子、◇は男子　●◆は本文中に解説あり

侵害行為認知群：他の児童からいじめや悪ふざけを受けているか，トラブルがある可能性が高い児童

学級生活満足群：学級内に自分の居場所があり，学校生活を意欲的に送っている児童

被侵害得点

学級生活不満足群

非承認群：いじめや悪ふざけを受けてはいないが，学級内で認められることが少ない児童

学級生活不満足群・要支援群の児童は，耐えられないいじめや悪ふざけを受けていたり，非常に不安な傾向がさらに強い児童

- G：自己中心的で，友達の標的になる。
- B：授業時間を無視し，校内で暴れまわる。暴力的。
- F：運動能力，学力ともに高い。しかし消極的。
- E：保健室で過ごすことが多い。
- H：学校を休みがち。

## 2. 前年度の学級崩壊を引きずっている

■ 事例提供者の報告（基礎資料②）　　　　　　　　　　　　　　　担任：30代後半男性

**学級集団の背景　　小学校4年生　人数29（男子15人，女子14人）**
・学校の特徴……都市部の中規模校
・学級編成の状況（もち上がり等）……学級は3年生から編成がえなし。担任は新担任。

**問題と感じていること**
・毎日，けんかが絶えず，それぞれの対応で授業も進まない。はさみや鉛筆を投げ合うなど，危険な状態である。学力が全体的に低下している。教師が注意しても従わない。罵声さえ浴びせる。他の教師に対してもそうである。
・そうじ時間は雑巾を投げ合って遊び，係活動はほとんど行われていない。
・教室はごみが散乱していて，だれ一人としてきれいにしようとしない。

**学級の公的なリーダーの児童生徒（番号と簡単な説明）**
男子・・A男（ある程度まじめ。学力高い。）
女子・・F子（運動能力，学力ともに高い。しかし，消極的。）

**学級で影響力の大きい・陰で仕切るような児童生徒（番号と簡単な説明）**
男子・・C男（教師に対して反抗的。好き勝手に生活している。）

**態度や行動が気になる児童生徒（番号と簡単な説明）**
男子・・C男（B男，A男と特別教室であばれ，授業に遅れる。ルール無視。教師を無視する。）
　　　　G男（自己中心的で，いじめの標的になる。）
　　　　H男，I男（学校を休みがち。）
女子・・D子，E子（低学力，保健室ですごすことが多い。）

**プロットの位置が教師の日常観察からは疑問に感じる児童生徒（番号と簡単な説明）**
B男，C男（問題が多く注意されてばかりなので，不満足群だと思った。）

**学級内の小グループを形成する児童生徒（番号と簡単な説明）**
男子・・B男，C男，A男（授業時間を無視し，校内で暴れ回る。暴力的である。）

**4群にプロットされた児童生徒に共通する特徴**
満足群・・・・・・自分の好き勝手にふるまう。注意に対して暴言を吐く。
非承認群・・・・・おとなしい女子と反抗的な男子。
侵害行為認知群・・自己中心的で，文句ばかり言っている。いじめの標的になる。
不満足群・・・・・学級に来られない子どもと，無駄話などをして落ち着かない子ども。

**担任教師の方針**
学級経営・・・きまりがしっかりと守れる学級。
授業の展開・・基礎基本を繰り返し，だれにでも定着するように。

■ **アセスメント**　基礎資料①②をもとにした，スーパーバイザーの見たて

### Q-Uプロットより
● リレーションとルールのバランス
- それぞれがバラバラで，無気力。友達同士で助け合うということができない。リレーションは形成されていない。
- ルールは徹底していない。時間を守る，話を聞くなど基本的なルールが無視されている。

● 集団の崩れの段階…… 初期・中期・後期
● その他

### 面接の記録より
- 年度当初，楽しい雰囲気の授業を心がけ，ゲームを取り入れていたが，ルールが守れず，収集がつかない状態になった。きまりをしっかり守らせたいと強く指導したが，まったく受け入れられなくなった。
- さまざまな取組みを試みたが，あせりもあり，うまくいかず，叱るばかりの毎日になっている。

### 総合的なアセスメント
● 集団変容の方向： ＋・−　　● 教師の指導行動：P優位・M優位・PM・pm
- 子どもたちのルールを短期間で徹底しようとしたあまり，強制的な指導になり，教師に反抗する子どもが出てきたと考えられる。昨年から学級崩壊を起こしているため，平気で傷つけあい，安心して生活できる環境ではなくなっている。
- 学力が身につかず，児童が無気力になり，学校生活への満足感が享楽的なものになっている。
- 29人の子どもを担任が1人で一斉授業するのはむずかしい状態である。

⬇

#### ○ 対応の方針
- 少人数指導を取り入れ，個別指導のなかでていねいに一人一人に接するようにする。学級の問題を子どもたちと明らかにして，再スタートをきる。

#### ○ 当面の方針
- 学級はみんなで楽しむところであるという意識をもたせ，面接や無記名で用紙に書かせることをもとに，ルールの再形成を図る。
- 個別指導を多くし，身体の安全を保障する。

第 7 章　特別な要因が絡む学級
2.前年度の学級崩壊を引きずっている

■**対応策**　アセスメントを実現するための策。ここから選んで実施してください

◆**再契約法を行い，学級を分割する**

・1節の要領で再契約を行う。
・早急に校内で会議を開き，学級を2つに分割してのカリキュラムを編成する。学級のメンバーは，担任や副担任の子どもたちとのマッチングを考慮して決める。1週間程度のスパンで，必要に応じてメンバーを入れ替える。はじめのうちは，完全に授業を別個に行うが，子どもの様子を見ながら1日に1回程度，もとのメンバーで合同で授業を行うようにする。

◆**学年の連携の仕方(チームティーチング，合同授業等，担任教師の役割の明確化)**

・当分分割しての指導になるが，さらにTT（チームティーチング）として，補助的な教員を配置できればそれに越したことはない。同学年への影響も考えられる。学級を分割することの説明を各学級でしっかり行い，他の学級でもルールを再度見直して悪影響を及ぼさないように配慮する。

◆**保護者への説明・協力体制のあり方**

・学年全体の保護者会が必要である。管理職，主任などの立会いのもとに行う。学級を分割する目的，当面の見通しを教職員で共通理解を図ったうえで，保護者に対して説明する。
・当面の見通しや対応を保護者会で確認したら，週に1度の学級通信で対応した成果と課題について報告する。発行する曜日を固定して，確実に保護者に届くようにする。
・パニックを起こした場合や，学校を脱け出した場合は，保護者にも協力してもらいたいことを依頼する。

◆**担任教師の対児童へのリーダーシップのとり方のポイント**

・1年以上学級が落ち着かない状態で子どもたちは傷ついている。一人一人の傷を癒すように，個別に対応していく。
・命に関わる問題は毅然として対応するが，それ以外は，あせらず静かなトーンで対応していきたい。
・教師と一人一人の子どもとのリレーションを形成することが最優先である。担任，副担任とも14～15人の子どもにていねいに声がけを行う。少しの成果を教師と確認し合って認めてあげる姿勢が大切である。

◆**授業の進め方のポイント**

・個別作業を取り入れた学習を中心にすえる。教室で暴れたり危害を加えたりする場合に対応する教師を決めておき，空教室などで落ち着かせる。それでもおさまらない場合は保護者の協力を得る。当面のねらいは，安心して学習に取り組めるようにすることである。

・学習プリントには，教師からのあたたかいコメントを入れる。はじめは，2～3行でいい。教師の願いやちょっと見かけた子どものほほえましい行動などを書き込む。学習プリントの進め方，終わったら何をするかについても記入しておくようにする。コメントは，子どもの様子を見ながら徐々に増やしていくようにする。

・もとのメンバーで合同授業をするときには，担任が短めの導入で作業学習を中心に行わせる。授業を妨害する子どもには，副担任が別室に呼んで対応する。

・机間指導の際，はじめは教師と子どもの1対1で静かに対応する。その対応がほぼ定着したら，隣に座っている子どもも巻き込んで，2人に同時に対応するようにする。「A君はこう考えているけど，Bさんはどう考えましたか？」というように，2人組の簡単な交流の援助をする。

・プリントの終わりに，なぞなぞを1問書いておき，授業のまとめの段階で，答え合わせをする。そして再契約で決めた基本的なルールについて教師から簡単に評価する。

・授業を妨害した子どもが教室にもどってきたら，とやかく言わず，「お帰り。少し落ち着きましたか」という程度でできるだけ，あたたかく迎えるようにする。

◆**学級活動の展開のポイント（朝，帰りのホームルームも含めて）**

・朝，教室で担任が子どもたちを迎えられるようにする。学級を2分割したあと，子どもたちが落ち着くまでは続けるようにする。

・朝の会は，教師が司会をする。健康観察では，「ひとことお題」を決め（例えば，「好きな食べ物」，「好きなテレビ番組」），「はい。元気です。好きな食べ物はラーメンです」と言わせる。1分間スピーチなどは，まだできる状態ではないだろう。健康観察の後，その日の予定のポイントだけを黒板に書く。あとは確認したいこと程度を子どもに言わせて終わる。

・帰りの会は，再契約で確認したルールにそったプリントを用意し，簡単な自己評価を書かせる。◎，○，△程度の簡単な評価でよい。それに対するコメントは，プリントに教師が書き込んで翌日渡すか，あるいは直接個別に話しかけるようにする。

・週に1回発行の学級通信は、一人一人に手渡し、その場で読む時間を確保する。はじめは、読まずにぐちゃぐちゃにする子どももいるかもしれない。しかし、ねばり強く続ける間に、読むという習慣がついてくるはずである。「黙って読む」、「黙って書く」を帰りの会の基本としたい。

◆**給食・掃除の時間の展開のポイント**

・14～15人の掃除である。できれば校内で調整をしてもらい、教室だけの掃除にする。散乱したごみを教師自ら徹底的に片づける気持ちで掃除をする。毎日ごみが散乱している状態であるが、その日のうちにきれいにし、翌日はきれいな教室で子どもたちを迎えるようにする。

・給食も学級を2分割したクラスごとにする。少人数になったとはいえ、給食の配膳からそれぞれのクラスに複数の教師がつくようにする。盛り付けは教師が行う。「食事の最中、おしゃべりはいいが、立ち歩きはしない」ことをルールにする。

◆**時間外（休み時間・放課後）に必要な対応（個別面接・補習授業等）**

・毎日1～2人の個別面談を10分程度行う。学級生活は、不安は何であるか雑談を交えながら理解するのと、小さな成果を評価し、意欲化を図ることがねらいである。話した内容を紙に書いて、保護者の人にも読んでもらうようにするのもよい。2週間で全員との面談ができるようにする。

◆**担任教師のサポートのあり方，作戦会議の計画**

・学級通信を出す前に、簡単な編集会議を開く。1週間の生活でよくなったことを中心に確かめ合う。

・担任はかなり疲労しているはずである。2週間は担任外が全面的に協力する体制がほしい。

第7章 特別な要因が絡む学級

# 3 盗難・靴隠しなどが頻発している

## 本事例の学級の様子

全体的に無気力で，行動にメリハリがない。授業中は鉛筆で遊ぶ，手紙の交換をする，消しゴムを投げ合うなど，それぞれが勝手なことをしている。一部のリーダーが学級をリードしているが，他の子どもはほとんど協力をしない。学級の物がなくなったり，靴隠しや靴の中にがびょうが入っていたりすることが頻繁になってきた。

## ■本事例のQ-Uプロット（基礎資料①）

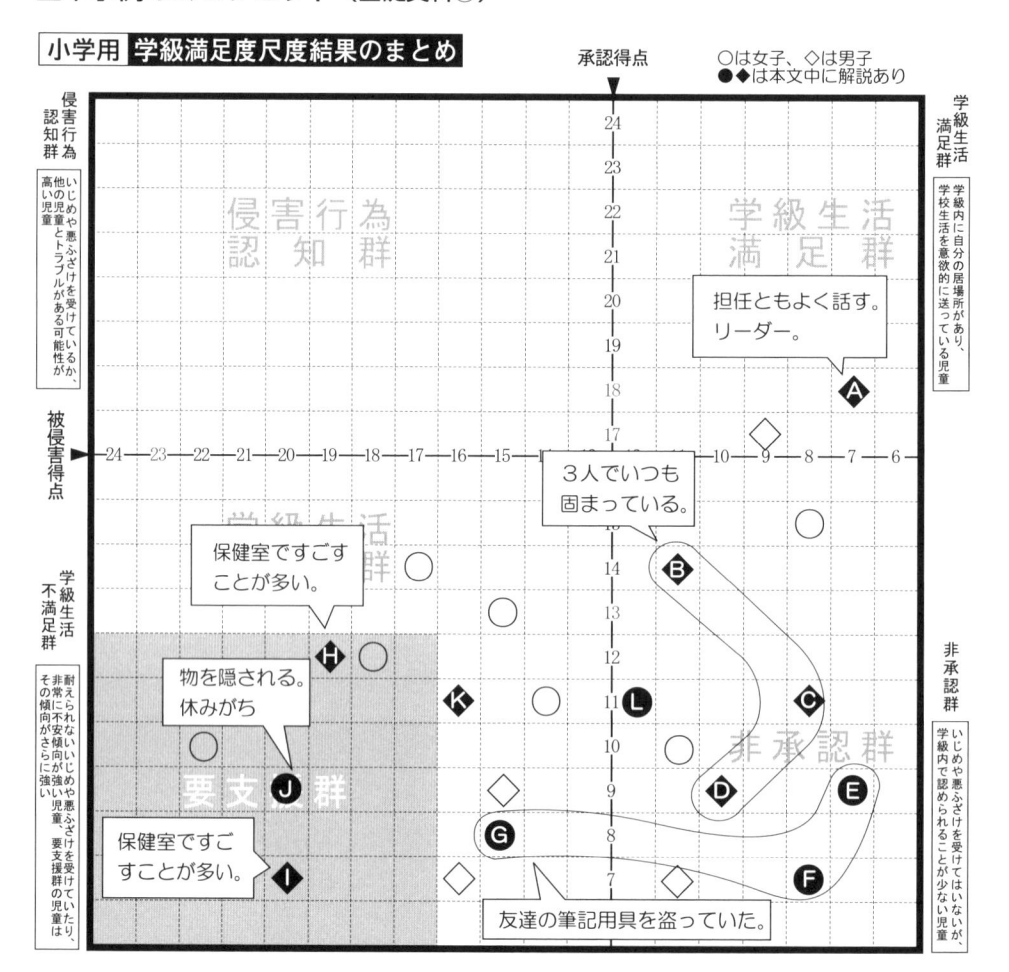

**小学用 学級満足度尺度結果のまとめ**

○は女子、◇は男子
●◆は本文中に解説あり

承認得点／被侵害得点

- 侵害行為認知群：他のいじめや悪ふざけを受けている児童とトラブルがある可能性が高い児童
- 学級生活満足群：学校生活内に自分の居場所があり、学校生活を意欲的に送っている児童
- 学級生活不満足群／要支援群：耐えられないいじめや悪ふざけを受けていたり、非常に不安傾向が強い児童、要支援群の児童はその傾向がさらに強い
- 非承認群：いじめや悪ふざけを受けてはいないが、学級内で認められることが少ない児童

プロット内の吹き出し：
- Ⓐ：担任ともよく話す。リーダー。
- Ⓑ：3人でいつも固まっている。
- Ⓗ：保健室ですごすことが多い。
- Ⓙ：物を隠される。休みがち
- Ⓘ：保健室ですごすことが多い。
- Ⓖ付近：友達の筆記用具を盗っていた。

第 7 章　特別な要因が絡む学級

## 3.盗難・靴隠しなどが頻発している

### ■事例提供者の報告（基礎資料②）　　　　　　　　　担任：30代後半男性

#### 学級集団の背景　　小学校5年生　人数23人（男子11人，女子12人）
- 学校の特徴……都市部の中規模校
- 学級編成の状況(もち上がり等)……5年生になるときに学級編成がえ。担任は新担任。

#### 問題と感じていること
- 授業中は消極的で，授業に参加する子どもが2～3人である。他の子どもは，それぞれが勝手なことをしている。注意しても教師の目を盗んでいたずらを繰り返す。
- 学級で物が頻繁になくなったり，靴隠しがあったりする。
- 係活動は他人任せで，ほとんど行われていない。
- 教室はごみが散乱していて，だれ一人としてきれいにしようとしない。

#### 学級の公的なリーダーの児童生徒（番号と簡単な説明）
男子・・A男（授業に積極的に参加。担任ともよく話す。）
女子・・L子（発言力大。全体に注意することがある。）

#### 学級で影響力の大きい・陰で仕切るような児童生徒（番号と簡単な説明）
男子・・K男（教師に対して反抗的。やる気を示さない。）

#### 態度や行動が気になる児童生徒（番号と簡単な説明）
男子・・H男，I男（腹痛を訴え，保健室で過ごすことが多い。）
女子・・J子（物を隠される。現在は週の半分欠席している。）
　　　　E子（教室の物を盗む。陰口を言う。）

#### プロットの位置が教師の日常観察からは疑問に感じる児童生徒(番号と簡単な説明)
全体的に不満足がこんなにいるとは思わなかった。

#### 学級内の小グループを形成する児童生徒（番号と簡単な説明）
女子・・E子，F子，G子（3人でこそこそしている。他の子と交わろうとしない。3人で友だちの筆記用具をとっていたことがあった。）

#### 4群にプロットされた児童生徒に共通する特徴
満足群・・・・・・授業中に積極的である。学力も高い。
非承認群・・・・・グループでばかり活動している。
侵害行為認知群・・なし。
不満足群・・・・・無気力で，授業中もいたずらが多い。

#### 担任教師の方針
学級経営・・・きまりがしっかりと守れる学級。
授業の展開・・基本的な事項を身につけさせたい。一斉指導が多い。

## ■アセスメント　基礎資料①②をもとにした，スーパーバイザーの見たて

### Q-Uプロットより

●リレーションとルールのバランス
- 数少ないグループは不安感を解消するための結束であって，周りを排除してのグルーピングになっている。リレーションは形成されていない。
- ルールが形だけになり，生活を明るくしていくための前向きなルールをつくることができない。

●集団の崩れの段階……初期・中期・後期
●その他

### 面接の記録より

- あたりまえのルールを守れるように厳しく指導したが，子どもたちがやる気を見せず，空回りすることが多かった。
- 授業中に積極的に参加させようと強制的に発言させたり，宿題にしたりしているが，それも功を奏していない。

### 総合的なアセスメント

●集団変容の方向：＋・ー　●教師の指導行動：P優位・M優位・PM・pm

- 強制的な指導が子どもたちとうまくマッチしなかったために，無気力状態になり，友だちとのあたたかい交流も促進されない状態である。
- 学力をつけようと努力しているが，子どもの実態に合わないために，授業についてこられない子どもが出てきて，欲求不満がつのっている。物隠しや盗難もその欲求不満の現れではないかと考えられる。

⬇

### ○対応の方針

- どの子どもともふれあい，一人一人の願いを理解する。
- 一人一人にあった個別指導を多く取り入れる。

### ○当面の方針

- 子ども同士がふれあうようなゲーム性の高い活動を取り入れ，緊張感を緩和する。勉強がわかった，できたという充実感のある授業を構築する。

## ■対応策　アセスメントを実現するための策。ここから選んで実施してください

### ◆再契約を行う

・今，学級に来られない友達がいたり，物隠しや盗難があったりする状況を改善したいことを教師が静かに話し，困っていることや，やめてほしいことを無記名で書かせる。
・不満に思っていることを整理し，それを取り除いて前向きに学級生活を送るための約束をみんなで決める。
・担任が守ること，子どもたちが守ることを確認し，大きな紙に書いて貼る。

### ◆学年の連携の仕方（チームティーチング，合同授業等，担任教師の役割の明確化）

・分割しての指導はする必要はないが，個別指導を充実させるためにTT（チームティーチング）で担任外に入ってもらう。保健室ですごすことが多い子どもには，保健室以外の部屋で学習できるように学習課題を準備し，担任外の教師が適宜つけるようにする。

### ◆保護者への説明・協力体制のあり方

・保護者会は必要であるが，事前に学級PTAの役員を中心に保護者会の意図を説明しておき，保護者側の不満も情報として得ている必要がある。
・学級全体の保護者会を管理職，主任などの立会いのもとに行う。物隠しや盗難が横行している状況を説明し，学級で行った再契約について話す。やった子どもを特定するのではなく，学級生活に対する不安感や不満から起こったことが考えられること，今後の対応について説明する。
・当面の見通しや対応を保護者会で確認したら，週に1度の学級通信で対応した成果と課題について報告する。発行する曜日を固定して，確実に保護者に届くようにする。

### ◆担任教師の対児童へのリーダーシップのとり方のポイント

・強制的な指導で子どもを萎縮させた面も見られる。子どもが安心して担任と接するようにすることが最重点である。全体に対する一斉指導は簡潔に用件のみ行うようにし，詳しい内容や方法については一人一人に対応する。
・3人組のグループには休み時間などにさりげなく話しかけたり，仕事を頼んだりし，コミュニケーションをとるようにする。
・なかなか教室に来られない子どもには1日に5分程度の面接を行うようにする。学習課題の説明をし，不安なことはないかたずねるようにする。

### ◆授業の進め方のポイント

・単純かつ短時間で行える作業をランダムに2人組で行わせるようにする。1時間に1度は

取り入れる。
・書く作業を多く取り入れる。授業の感想やわかったことなどを短くてもよいから書かせる時間を保障する。担任は授業後に目を通し，次の授業の際に取り上げるようにする。
・授業の終わりに授業で新しく習ったことをもとに，子どもにミニテストを作成させる。それを隣の子どもと交換してお互いにテストをし，答えあわせも行わせる。
・単純なゲームを授業のはじめに行う。レディネステストのようなクイズから授業を始めてもよい。
・体育の時間には長縄・鬼ごっこなど単純なルールで行える運動量の多い活動を仕組む。教師とともに汗をかき，心地よい疲労感を共に味わう。個別作業を取り入れた学習を中心にすえる。教室で暴れたり危害を加えたりする場合に対応する教師を決めておき，空教室などで落ち着かせる。それでもおさまらない場合は保護者の協力を得る。当面のねらいは，安心して学習に取り組めるようにすることである。

◆**学級活動の展開のポイント（朝，帰りのホームルームも含めて）**
・リーダーらに，学級に来られない友達にも安心して参加できるような学級レクリエーションを企画させる。なぜ安心して来られないのかを教師と話し合うことで少しでも友達のつらさをわかるようにする。
・朝の会はグループごとに担当する。司会，連絡係，あいさつ係，健康観察係など分担して1週間交代で行う。一人一人の役割を教師が認め，少しでもほめるようにする。
・帰りの会は，1週間の最後に再契約で確認したルールについての成果と課題を確認する。確認した内容は学級通信に掲載する。

◆**給食・掃除の時間の展開のポイント**
・グループごとに係を担当させる。給食時間に「今日は○○係の会議」とし，担任が入って給食を食べながら会議を行う。最近の活動でがんばっていることを教師が認め，子どもたちからもどんな活動をしているか，困っていることは何かを話させる。公開の会議である。会議の仕方をモデルとして示し，ほかのグループにも意欲化を図るためでもある。「係会議なのでほかのグループはちょっと静かめにお話しするように」と約束しておく。

◆**時間外(休み時間・放課後)に必要な対応(個別面接・補習授業等)**
・別室で学習していた子どもを，できれば放課後，教室で補習する。与えた課題について簡単にコメントする程度でよい。余裕があれば将棋やオセロなどができるとよい。1対

## 3.盗難・靴隠しなどが頻発している

1の関係から，教師と複数の子どもとかかわれるようになることを目標に続ける。翌日の課題については本人の負担になることも考えられるのでふれないようにする。

・教室に来られない子どものために予定表をつくり，その日に何をするかある程度自己決定させるように仕向けていく。休み時間にはどんな活動をしたか話を聞きに行き，できたことを認めるようにする。

◆**担任教師のサポートのあり方，作戦会議の計画**

・別室で学習している子どもに対応している教師とは簡単な連絡表をもとに情報を交換する。週に1度，学年会にも参加してもらい，子どもの様子，学級の様子を確認しあう。

教室に来られない子どものための予定表

| ○月○日○ようび | 時間割 | | |
|---|---|---|---|
| <今朝の調子は？> | | したいこと | 納得度（10点満点） |
| | 1 | | |
| | 2 | | |
| <気になることは？> | 中休み | | |
| | 3 | | |
| | 4 | | |
| | 給食 | | |
| <今日やってみたいこと> | 昼休み | | |
| ● | 5 | | |
| ● | 6 | | |
| ● | 先生へ | | |
| ● | | | |
| ● | 先生から | | |

〔第7章：藤村一夫〕

# おわりに

「ばかやろう」と言われて育った子どもにとっては，それがあいさつ代わりであり，ほめられることが少なく厳しく注意されてばかりいた子どもは自己肯定感が低く，たとえ成績が優秀でも「これでいいんだ」と自分を認めることができません。集団で生活するという経験が少ないために，周りと自分を比較したり他の子どもの気持ちを考えたりすることが苦手になっているのかもしれません。そして，このことは，世代の違う教師と子どもの間にもずれを生じさせる原因になるのです。ちょっとしたずれが子どもたちに与える影響は予想以上に大きく，いじめや不登校をはじめとする学校不適応が起こり，学級集団は，もろくも崩れていく。こんなことは珍しいことではありません。

逆に学級の子どもたちをよく理解し，積極的に子どもたちへの対応を工夫し取り入れていき，加速度的に学級の状態がよくなるという事例も数多く見てきました。一人一人の子どもの良さを有機的に生かして教育力を生ませ，それがまた効果的な教育力となっていくからなのでしょう。

私自身，はじめてQ-Uを実施したときに自分の把握していた状況との違いに愕然とし，納得できなくて1週間後にもう一度実施したことを覚えています。当然結果は同じでした。半分仕方がないという思いで結果を謙虚に受け止めようと自分を納得させました。すると，今まで見すごしてきたような子どもの行動一つ一つに意味を見いだすことができたのです。何気ない行動にも，子どもの生活があり，願いがあるということが実感できたのです。

よき教育実践は，子ども理解からとよく言われます。Q-U，観察，面接。周りからの情報を得て，子どもの内面や子ども同士の関係性などを理解することが大切だと感じます。そして，同僚や仲間と知恵を出し合い，楽しむくらいの気持ちで具体的な実践を行っていくと，自分自身がさらに前向きに明るくなっていくことでしょう。そして呼応するように学級の子どもたちも変わっていくと思います。Q-Uを使ってのコンサルテーションはこれを可能にすると信じています。本書が明るい教育実践に結びつくことを願っております。

本書の出版にあたり，國分康孝先生，國分久子先生にはただならぬご指導とお力添えをいただきました。また事例への対応の視点を提供してくださった編集協力の先生方，そして図書文化社の村主さん，東さん，渡辺さんに感謝を申し上げます。

藤村一夫

## ●引用文献一覧

- 河村茂雄『たのしい学校生活を送るためのアンケート「Q-U」実施・解釈ハンドブック（小学校編，中・高学校編）』1998　図書文化
- 河村茂雄『学級崩壊に学ぶー崩壊のメカニズムを絶つ教師の知識と技術ー』1999　誠信書房
- 河村茂雄『学級崩壊　予防・回復マニュアル』2000　図書文化
- 河村茂雄『教師のためのソーシャル・スキル』2002　誠信書房
- 河村茂雄『崩壊しない学級経営をめざしてー教師・学級集団のタイプでみる学級経営ー』1998　学事出版
- 河村茂雄『グループ体験による　タイプ別　学級育成プログラム　小学校編・中学校編』2001　図書文化
- 國分康孝(監)　河村茂雄・品田笑子・朝日朋子（編）『エンカウンターで学級が変わるパート3』1999　図書文化
- 河村茂雄（編）『ワークシートによる教室復帰エクササイズ』2002　図書文化
- 河村茂雄『教師力ー教師として今を生きるヒント　上・下』2003　誠信書房
- 國分康孝・國分久子(監)　河村茂雄・藤村一夫・大友秀人（編）『育てるカウンセリングによる教室課題対応全書2　学級クライシス』2003　図書文化
- 三隅二不二『リーダーシップ行動の科学』1985　有斐閣

## ●協力者紹介

本書の作成に当たり，事例検討にご協力いただいた皆様に，あつく御礼申し上げます。

| 小学校編 | | 中学校編 | | 高等学校編 | |
|---|---|---|---|---|---|
| 朝日 朋子 | 東京 | 阿部 明美 | 栃木 | 赤崎 俊枝 | 岩手 |
| 及川 哲子 | 岩手 | 阿部 千春 | 秋田 | 井上 悦子 | 青森 |
| 小川 暁美 | 岩手 | 板垣 市子 | 山形 | 大越 恵子 | 岩手 |
| 大木百合江 | 埼玉 | 岩田 和敬 | 愛知 | 大谷 哲弘 | 岩手 |
| 大久保牧子 | 岩手 | 片桐 俊男 | 長野 | 大日方和枝 | 三重 |
| 鎌田裕美子 | 岩手 | 佐藤 倫子 | 東京 | 川原 詳子 | 岩手 |
| 沓澤 千佳 | 山形 | 沢里 義博 | 愛知 | 坂本 良二 | 埼玉 |
| 黒沼 弘美 | 山形 | 中里 寛 | 宮城 | 佐藤 昭雄 | 青森 |
| 小島 孝子 | 神奈川 | 中山 光一 | 茨城 | 佐飛 克彦 | 福井 |
| 佐藤 克彦 | 山形 | 伴野 直美 | 三重 | 鈴木瑠美子 | 宮城 |
| 千葉 生子 | 岩手 | 南澤 博 | 長野 | 曽山 和彦 | 秋田 |
| 別所 靖子 | 埼玉 | 森 憲治 | 三重 | 高柳 修 | 埼玉 |
| 細川 直宏 | 岩手 | 森沢 勇 | 富山 | 千田 雅子 | 岩手 |
| 山本 一美 | 岩手 | 山部 信彦 | 秋田 | 茶畑 悦子 | 岩手 |
| 山本 兼司 | 香川 | | | 坪内 俊輔 | 埼玉 |
| 若林 雅彦 | 長野 | | | 中下 玲子 | 岩手 |
| | | | | 北條 博幸 | 埼玉 |
| | | | | 水野 晴夫 | 福島 |
| | | | | 向井 清和 | 福井 |
| | | | | 武藤 栄一 | 群馬 |

## スーパーバイズに関するご照会は……………………………

特定非営利活動法人・日本教育カウンセラー協会　事務局

〒112-0012　東京都文京区大塚1-4-15　電話・Fax　03-3941-8116

● 編著者 ●

## 河村茂雄・かわむらしげお

都留文科大学・大学院教授，博士（心理学）
筑波大学大学院教育研究科カウンセリング専攻修了。公立学校教諭・教育相談員を経験し，東京農工大学講師，岩手大学助教授を経て，現職。日本カウンセリング学会常任理事。日本教育心理学会理事。論理療法，構成的グループエンカウンター，ソーシャルスキルトレーニング，教師のリーダーシップと学級経営について研究を続ける。「教育実践に生かせる研究，研究成果に基づく知見の発信」がモットー。著書：『教師のためのソーシャル・スキル』『教師力』（上下巻）誠信書房。『学級崩壊予防・回復マニュアル』図書文化。他多数。

## 藤村一夫・ふじむらかずお

盛岡市立見前小学校教諭。上級教育カウンセラー。学校心理士。
岩手大学大学院教育研究科修了。河村茂雄に師事し，学級崩壊・不登校などを予防する学級経営を研究している。大学時代体育科で鍛えたタフなからだで広い岩手を駆けずり回り，学級経営のスーパーバイズや構成的グループエンカウンター，児童理解について講師をしている。『学級クライシス』（共編），『ワークシートによる教室復帰エクササイズ』『グループ体験によるタイプ別！学級育成プログラム（小・中）』（分担執筆）図書文化。

## 粕谷貴志・かすやたかし

都留文科大学文学部講師。上級教育カウンセラー，学校心理士。
岩手大学大学院修了。公立小中学校教員，専修大学北上福祉教育専門学校講師を経て，現職。日本教育心理学会理事。大学の地域交流研究センター教育相談部のスタッフとして，学校現場の教師サポートに取り組んでいる。県外からファックスやメールでも相談が寄せられている。『学級クライシス』『ワークシートによる教室復帰エクササイズ』（分担執筆）図書文化社，他。都留文科大学地域交流研究センター・教育相談部　0554-45-2411（Fax兼），kysoudan@tsuru.ac.jp

## 武蔵由佳・むさしゆか

都留文科大学文学部講師。上級教育カウンセラー，学校心理士。
岩手大学大学院修了。公立中学校・私立高等学校の心の教室相談員，大学生を対象にした学生相談員を経て，現在は大学の地域交流研究センター教育相談部のスタッフとして活動している。『グループ体験によるタイプ別！学級育成プログラム』『ワークシートによる教室復帰のエクササイズ』（分担執筆），図書文化。

2004年4月現在

●本書の企画・制作・協力者一覧●

| 企　　　画 | 河村茂雄・NPO日本教育カウンセラー協会 |
|---|---|
| 編　　　集 | 河村茂雄・藤村一夫・粕谷貴志・武蔵由佳 |
| 編 集 協 力 | 小野寺正己・鹿嶋真弓・苅間澤勇人・品田笑子・長須正明 |
| 事例検討協力 | 多くの事例検討協力者により本書がつくられています。<br>協力者は前々ページにご紹介します。 |

## Q-Uによる学級経営スーパーバイズ・ガイド
### ―小学校編―

2004年6月1日　初版第1刷発行［検印省略］
2017年6月1日　初版第13刷発行

| 編　　　集 | ©河村茂雄・藤村一夫・粕谷貴志・武蔵由佳 |
|---|---|
| 発 行 人 | 福富　泉 |
| 発 行 所 | 株式会社 図書文化社<br>〒112-0012　東京都文京区大塚1-4-15<br>Tel.03-3943-2511　Fax.03-3943-2519<br>振替　00160-7-67697<br>http://www.toshobunka.co.jp/ |
| 装　　　幀 | 田口茂文 |
| Ｄ Ｔ Ｐ | 株式会社 エス・アンド・ピー |
| 印 刷 所 | 株式会社 加藤文明社印刷所 |
| 製 本 所 | 株式会社 村上製本所 |

JCOPY ＜出版者著作権管理機構 委託出版物＞
本書の無断複写は著作権法上での例外を除き禁じられています。
複写される場合は，そのつど事前に，出版者著作権管理機構
（電話03-3513-6969，FAX 03-3513-6979，e-mail: info@jcopy.or.jp）
の許諾を得てください。

乱丁・落丁本の場合はお取り替えいたします
定価はカバーに表示してあります
ISBN 978-4-8100-4423-2　C3337

# 学級を知り、育てるためのアセスメントツール

## hyper-QU なら Q-U の診断結果に加え、対人関係力も診断できます

よりよい学校生活と友達づくりのためのアンケート

**育てるカウンセリングツールシリーズ hyper-QU**

著者　河村茂雄
対象　小学校1〜3年／小学校4〜6年
　　　中学校／高校

**hyper-QU** は、**Q-U** の2つの尺度（学級満足度尺度・学校生活意欲尺度）に、ソーシャルスキル尺度を加えた3つの尺度で診断します。

※高校用では、参考資料として悩みに関する質問項目が取り入れられています。

**ソーシャルスキル尺度**
対人関係（ひとづきあい）を円滑にするための技術（コツ）を測るものです。

**ソーシャルスキル尺度**を用いて、対人関係力を測ることにより、児童生徒および学級集団の状態を多面的にとらえることができます。

また、**個人票**（教師用／児童生徒用）も打ち出されるので、児童生徒一人ひとりに適切な対応を図ることができます。

## Q-Uは不登校やいじめの防止、あたたかな人間関係づくりに役立ちます

楽しい学校生活を送るためのアンケート

**育てるカウンセリングツールシリーズ Q-U**

監修　田上不二夫
著者　河村茂雄
対象　小学校1〜3年・4〜6年／中学校／高　校

**学級全体と児童徒個々の状況を的確に把握する2つの診断尺度**
「学級満足度尺度」、「学校生活意欲尺度」の2つの診断尺度で構成されています。

- **学級満足度尺度：いごこちのよいクラスにするためのアンケート**
  クラスに居場所があるか（承認得点）、いじめなどの侵害行為を受けていないか（被侵害得点）を知ることができます。
- **学校生活意欲尺度：やる気のあるクラスをつくるためのアンケート**
  児童生徒の学校生活における各分野での意欲を把握することにより、子どもたちのニーズにあった対応を考える資料となります。学級、学年、全国の平均得点も打ち出されますので、今後の学級経営に役立ちます。

資料のご請求は **図書文化社 営業部** へ　　　TEL.03-3943-2511　FAX.03-3943-2519